부장님, 그건 성희롱입니다

部長, その恋愛はセクハラです!

牟田和恵 著

© Muta Kazue 2013

부장님, 그건 성희롱입니다

2015년 2월 10일 초판 1쇄 발행
2019년 7월 22일 초판 6쇄 발행

지은이	무타 카즈에
옮긴이	박선영 강희대 고주영 박수경 이은숙
펴낸이	임두혁
편집	최인희 김삼권 조정민
디자인	토가 김선태

펴낸곳	나름북스
등록	2010. 3. 16 제2014-000024호
주소	서울 마포구 월드컵로15길 67, 2층
전화	02-6083-8395
팩스	02-323-8395
이메일	narumbooks@gmail.com
홈페이지	www.narumbooks.com

ISBN 979-11-86036-03-7 03330

부장님,
그건
성희롱
입니다

무타 카즈에 지음

박선영 강희대 고주영 박수경 이은숙 옮김

나름북스

한국 독자들에게

이 책을 통해 한국의 독자들을 만나게 되어 매우 기쁩니다. 저는 최근 한국에서 호주제 폐지나 성매매·성폭력에 관한 법률 개정 등 젠더 평등 정책이 추진되는 것을 바다 건너 가까운 나라에서 존경스러운 마음으로 지켜봤습니다. 남성과 여성 모두가 성희롱이 무엇인지 이해함으로써 성희롱 방지와 현실적인 문제 해결에 다가가길 바라며 쓴 이 책이 한국에서 번역 소개되는 것은 큰 영광입니다.

　저는 '한국 드라마'의 광팬이기도 합니다. 제가 한국 드라마를 좋아하게 된 이유는 여러 가지이지만, 그 중 하나는 등장하는 여성들–젊은 여성이건 연배가 있는 아줌마이건–의 왕성한 힘입니다. 분명하게 자기주장을 하고, 상대방을 후려치고, 때로는 멋대로 휘젓고 돌아다니기까지 합니다. 일본 드라마에서 현대 여성을 묘사한 여주인공이 하고 싶은 말을 제대로 하지 못하는 데 비해, 한국 드라마에 등장하는 여성은 쿨하게 딱 잘라 말합니다. 실제로 친구나 동료 중에 이런 사람이 있다면 약간 곤란하지 않을까 싶어 재미있기도 합니다.

그래서 처음에 한국에서 이 책에 관심을 갖고 번역을 제안했을 땐 좀 뜻밖이었습니다. 이 책에선 여성이 왜 성희롱에 'NO'라고 말하기 어려운가, 그 때문에 남녀 간에 어떤 차이가 생기는가에 특히 초점을 맞추고 있는데, 한국 여성이라면 일본 여성과는 달리 분명하게 'NO!'라고 말하지 않을까 생각했기 때문입니다.

하지만 어느 나라건 어떤 문화건 인간관계에서 업무상 지위의 높낮이가 중요한 사회에서는 여성이 언제든 성희롱에 분명하게 'NO!'라고 말하기 쉽지 않습니다. 특히 한국에서는 윗사람을 공경하는 전통 문화가 유지되고 있으며, 다른 한편으론 글로벌 경쟁 체제로 인해 직장에서의 경쟁이 일본보다도 극심하다고 들었습니다. 그런 상황에서 성희롱의 피해와 문제는 잠재적인 것을 포함하여 그다지 큰 차이가 없습니다.

또한 한국어에서는 '세쿠하라'(セクハラ. 'sexual harassment'를 뜻하는 일본식 조어. 본문에서는 모두 '성희롱'으로 옮김.―편집자)를 '성희롱(性戲弄)'이라고 표현하는 것으로 알고 있습니다. 일본어 '세쿠하라'의 어감이 가벼운 데 비해(때문에 이 말이 널리 쓰였다고도 할 수 있지만), 한국어는 보다 직설적입니다. 재작년인 2013년, 한국여성정책연구원에서 '세쿠하라'에 대해 토론하면서, 일본에서는 성희롱 피해를 두고 '상처 받았다'고 표현하는 경우가 많은 데 비해 한국에서는 '굴욕적이다', '수치심을 느꼈다'는 말이 자주 쓰이는 것을 알게 됐습니다. 한국 여성들의 성희롱에 대한 심한 분노와 회한을 엿본 느낌이었습니다. 이러한 점을 포함해 한국의 활동가 및 연구자와 성희롱에 대한 비교 연구 기회가 이 책을 통해 주어진다면 좋겠습니다.

이번 한국에서의 출판은 한국여성정책연구원 박선영 선생님과 지구지역행동네트워크(NGA) 이은숙 선생님의 주선과 노력으로 이루어졌습니다. 그리고 번역을 맡아 주신 강희대, 고주영, 박수경 씨에게도 감사드립니다. 이렇게 한국에서 여성 정책과 실천으로 활약하는 여성들에 의해 이 책이 나오게 된 것은 저에게 무엇보다도 기쁜 일입니다. 이 책의 후기에도 썼듯이 연구자인 제가 처음 성희롱 문제에 발을 들인 것은 재판을 지원하는 활동이 계기였습니다. 성희롱의 방지와 문제 해결에는 법률이나 제도도 물론 중요하지만, 여성들의 운동이 큰 열쇠를 쥐고 있다고 생각합니다. 이 책이 한국과 일본의 여성들을 연결하는 역할을 하게 된다면, 저자로서 이 이상의 기쁨은 없을 것입니다.

2015년 1월 10일

무타 카즈에

남성의 성희롱은 숨 쉬는 것만큼이나 일상에서 자연스럽게 일어납니다. 그것은 젠더 관계가 이미 성희롱처럼 되어 있기 때문이죠. "그렇게 하면 시집 못가", "빨리 애를 낳아", "가슴이 멋진데". 이런 발언들 하나하나가 모두 '성희롱'이라고 하면, 대부분의 남성이 난처하겠죠. 지금까지 줄곧 이런 말을 해 왔으니까요. "아무런 문제도 없었는데…내가 뭘 잘못한 거지?"라고요.

그렇습니다. 남성은 변하지 않고 있어요. 변한 것은 여성입니다. 좀 더 정확하게 말하면, 여성의 '인내심'에 한계가 온 겁니다. '이제 저 역겨운, 짜증나는 생각은 참을 수 없다'라고요. 거꾸로 말하면, 여성의 변화를 깨닫지 못한 채 전혀 변화하려 하지 않는 남성의 둔감함이 문제입니다.

무타 카즈에 선생의 이 책은 그러한 남성의 착각을 자세하고도 친절하게 그리고 쉽게 납득할 수 있도록 가르쳐 줍니다. 남성에게 좀 지나치게 상냥할 정도입니다. 일본에서 최초의 성희롱 재판에 승리한 피해자의 지원부터, 캠퍼스 성희롱 전국네트워크의 대표를 지낸 무타 선생은 일본에서 가장 성희롱에 정통한 연구자라 해도 과언이 아닙니다.

수많은 구체적 사례에 기초를 둔 이 책의 분석은 유감이지만 한국에도 충분히 들어맞을 것입니다. 한국은 일본과 참으로 비슷한 성희롱 사회이기 때문입니다.

오늘날 성희롱은 가해자 남성에게 높은 페널티를 매기는 위법행위가 되었습니다. 어떤 행위가 성희롱에 해당하는지 배워야 하는 사람은 여성이 아니라 가해자가 될 가능성이 높은 남성들입니다. 더욱이 사회적으로 지위가 높은 남성은 성희롱 가해자가 될 고위험군에 속합니다. 자신을 지키기 위해서라도 모든 남성이 성희롱 방지 교육을 받아야 합니다. 이 책은 이를 위한 최적의 텍스트가 될 것이 틀림없습니다.

2015년 1월
우에노 치즈코(上野千鶴子, 도쿄대학 명예교수,
NPO법인 Women's Action Network 이사장)

차례

| 제1장 |
잘못투성이 성희롱 '상식'

| 마지막 장 |

나중에 소송당하지 않으려면 – 소송당하면 어떻게 할까?

성희롱이란?

성희롱(sexual harassment)이란 무엇일까요?

일본에서 성희롱은 1980년대 말에 등장하여 이제는 완전히 정착된 단어입니다. 1989년 유캔 대상(ユーキャン 大賞, 새로운 단어나 유행어를 선정해 시상하는 일본의 행사. ─옮긴이)에선 '성희롱'이 새로운 단어 부문 금상을 수상했습니다.

성희롱은 여성 사원에게 쓰리 사이즈(바스트 · 웨이스트 · 힙. ─옮긴이)를 묻거나 왜 아직 결혼하지 않았냐고 끈질기게 묻는 것, 그리고 몸을 만지거나 무리하게 키스를 하는 것이라고, 그 정도는 이제 상식이라고 생각하는 남성이 많을 겁니다. 그렇게 상식이 되었는데 왜 성희롱으로 해고를 당하거나 소송당하는 남성이 끊이지 않는 걸까요?

그렇게 생각해 보면 성희롱이란 무엇인지, 어떤 행위가 성희롱에 해당하는지 자신 있게 말할 수 있는 사람은 많지 않을 겁니다.

일본에서 처음으로 기업에 성희롱 방지를 요구한 법률은 1999년 시행된 개정 남녀고용기회균등법(정식 명칭 『고용의 분야에서의 남녀의 균등한 기회 및 대우의 확보 등에 관한 법률』. 이하 '균등법')입니다. 균등법 제21조에서는 성희롱을,

직장에서 행해지는 성적인 언동으로, 여성 근로자의 대응에 따라 그 근로조건에 대하여 불이익을 받거나 또는 그 성적인 언동에 따라 해당 여성 근로자의 취업 환경이 저해되는 것

이라고 정의합니다(2007년 개정에서는 여성뿐만 아니라 남성 근로자도 성희롱의 피해 대상에 포함되었습니다). 이 정의에 의하면 회사에서 여성 사원에게 성적인 언동을 하는 것이 문제가 됨을 알 수 있지만, 지나치게 추상적이라 그 의미가 금

방 와 닿지 않습니다. 《코지엔》(広辞苑, 일본의 유명한 국어대사전. - 옮긴이)(제6판)에서는 '성희롱'을

> 성(性)에 관련하여 인간성(人間性)에 상처를 입히는 것. 직장이나 학교 등에서 상대방의 의사에 반하여, 특히 여성을 불쾌하고 고통스러운 상황에 몰아넣고 인간의 존엄을 빼앗는 성적인 말이나 행동. 성적인 괴롭힘. 성희롱(セクハラ).

으로 설명하고 있습니다. 균등법보다 자세한 표현입니다. 이 정의에서는 성희롱이 매우 악질적이고 허용되지 않는 행위라는 점을 강조했지만, 구체적으로 어떤 행동이 성희롱에 해당되는지는 알려 주지 않습니다.

성희롱이 사소한 음란 행위가 아닌 심각한 인권침해라는 공감대가 형성된 것은 중요합니다. 하지만 이를 거꾸로 생각하면 매우 악질적이고 허용되지 않는 인권침해가 아니라면 성희롱이 아니라고 받아들여질 수도 있습니다. 이것은 일반적인 남성(여성도 그러합니다)의 감각과는 다른 것이 아닐까요?

- 절대로 그렇게까지 악질적인 행위는 아니라고 생각하는데, 성희롱이라고 한다.
- 성희롱은 아니라고 생각했는데, '존엄을 빼앗았다'니 호들갑떠는 것 같다.
- 상대방도 나에게 호감이 있고 사귀는 사이라고 생각했는데, 나중에 성희롱이라고 소송을 당했다. 이게 왜 성희롱인가?

이런 의문이 드는 흔한 행동이나 사건은 성희롱일까, 아닐까? 이 점을 판단하고자 할 때 균등법의 정의나 《코지엔》이나 별로 도움이 되지 않는 것 같습니다.

당사자의 입장에서도 직장 상사나 관리직의 입장에서도 고민스러운 것은 일단 이것이 성희롱인지 아닌지 분명하지 않다는 것입니다. 그리고 실제로 직장에서 문제가 되는 사건의 대부분은 미묘한 케이스입니다. 누가 봐도 명백한 성적인 강요나 존엄을 해치는 언동은 여느 성실한 직장에서 흔히 일어나는 일이 아닙니다(라고 바라고 싶습니다).

그러면 균등법이나 《코지엔》은 상당히 특별한 경우를

말하는 걸까요? 일반적인 직장, 상식적인 사람들 사이에 일어날 수 없는 일을 일부러 거론하는 걸까요?

그런 생각은 잠시 보류해 주세요.

《코지엔》의 서술이 틀린 건 아니지만 실제로는 성희롱의 양상이 더욱 폭넓게 나타납니다. 그리고 더욱 중요한 것은 성희롱 사건의 경우 하나의 사실을 두고 입장에 따라 다양한 견해가 나타난다는 것입니다(영화 〈라쇼몽(羅生門)〉과 같다는 것을 제1장에서 자세히 서술합니다). 존엄에 상처를 입었다고 해도 주위에선 그 정도로 보지 않거나 성희롱을 저지른 쪽은 전혀 알아채지 못하기도 합니다. 이런 상황이 자주 있습니다.

저는 '성희롱'이란 말이 생겨나기 전, 일본에서 처음으로 성희롱(sexual harassment)을 부당한 인권침해로 제소하여 성희롱 재판의 제1호가 된 후쿠오카(福岡) 성희롱 소송(1989년. 1992년 원고 측 승소 판결)에 깊이 관여하는 등 연구자로서 또 여성운동가로서 연구와 실천의 양 측면에서 다수의 성희롱 사례를 조사하고 접해 왔습니다(당시에는 '성희롱'이라는 말보다 아직 '성적인 괴롭힘'이라는 표현이 일반적이었습니다). 여러 재판에서 전문가 의견서를 쓰거나 재판 대응팀의 일원으로도 활동했습니다. 성희롱 소송의 진상 조사 경험도 풍부하며, 처분을 당한 가해자(harasser, '성희롱을 하는 사람'이라는 의미로 'harasser'라고 불립니다)가 처분에 불복하여 회사나 대학을 상대로 소송하는 대항 소송에 대해 조사한 적도 있습니다.

그러한 경험을 통해 알게 된 것은 나쁘다는 것을 알고 저지른, 이른바 '확신범'(본래는 신념에 기초해 행한 사람이 '확신범'이기 때문에 의미는 조금 다르지만)인 가해자는 거의 없고, 합의해서 사귀었다, 상대가 싫어할 거라고는 생각하지 않았다, 전혀 나쁜 마음은 없었다는 등의 케이스가 실제로 많다는 것입니다(그렇다고 해도 '그러니 어쩔 수 없다'고 감싸려는 것은 아닙니다). 모든 성희롱 사태는 발생 과정에서 다양한 양상을 드러냅니다. 주위로부터 연인 관계인 것처럼 보이거나, 가해자가 성실한 상사나 교사로 높이 평가받고 있기도 합니다. 또, 성희롱을 저지른 남성이 모두 겉보기에 악질이고 비상식적인 것도 아닙니다. 그렇기는커녕 오히려 대부분이 가정을 소중히 생각하는 양식 있는 사람인 경우가 많습니다. 게다가 당사자 남녀의 입장에서도 어떻게 느끼고 있었는지, 어떻게 받아들였는지 상황이나 시기에 따라서도 달라집니다.

그러니 성희롱을 단순히 '싫어하는 상대에게 하는 나쁜 행위'라고 간주하면 이런 성희롱의 '현실'은 보이지 않습니다.

하지만 현대사회에서 직장 생활을 하는 사람으로서 모르겠다며 판단을 포기하거나 생각하고 싶지 않다고 외면해서는 안됩니다. 그러면 알아채지도 못한 채 가해자가 되어 버리거나, 문제를 오히려 확대시키는 무책임한 관리자가 되기도 합니다.

그래서 이 책은 성희롱 문제에 관한 일반적인 계발서나 실용서와는 달리 밖에서는 보이지 않는 성희롱의 속사정을 상세히 해설하고, 성희롱 문제를 보다 깊이 이해하는 것에 중점을 둡니다. 현실에서 벌어지는 성희롱은 관공서와 회사, 대학이 발행하는 방지 팸플릿이나 매뉴얼의 사례와 상당히 다릅니다. 성희롱의 실태, 성희롱 문제가 일어났을 때의 대처 방법을 현실감 있게 소개합니다.

그리고 특히 이 책에서는 왜 남성은 성희롱을 하고 있다는 사실, 상대가 성희롱으로 받아들인다는 것을 알아채지 못하는가? 왜 성희롱으로 소송을 당해도 그 이유를 이해하지 못할까? 이런 점에 초점을 맞춥니다. 다시 말하면, 남성에게는 왜 '현실'이 보이지 않을까? 성희롱을 할 의도가 없었는데도 성희롱으로 소송당하는 '부당한' 상황을 왜 맞이해야 할까? 그리고 '나는 성희롱을 하지 않았다'고 주장하는 가운데 남성의 입장에서 사태는 더욱 악화됩니다. 어떻게 하면 그런 경우를 막을 수 있을지 생각해 봅니다.

　성희롱에도 다양한 패턴이 있지만 특히 남성 쪽은 서로 사귀었다고 생각하던 것이 성희롱이라고 여겨지는 경우나 교제에 이르지는 못해도 상대방의 진의를 잘못 이해한 남성의 행동이 성희롱으로 되어 버린 경우, 그리고 남성의 조심성 없는 행동이나 단어가 예상치 못한 트러블을 초래하여 성희롱이 된 경우를 중심으로 성희롱을 둘러싼 오해나 갈등을 상세히 살펴봅니다. 그리고 남성은 본의가 아니라고 생각할 수 있는 성희롱 발생의 메커니즘과 그 배경을 샅샅이 파악하여 남성이 깨닫지 못하는 이유를 해명하고, 예방을 위한 교훈을 제안합니다.

이 책은 또한, 성희롱 같은 건 나와 직접적으로 관계가 없다고 생각하는 분들에게도 도움이 될 것입니다. 직장 동료나 선후배끼리, 고객 및 거래처와 사원 간에, 정사원과 파견 및 계약 사원 사이에서…. 성희롱은 어디에서나 일어납니다. 게다가 상사나 주위 사람들이 이해가 부족한 상태에서 일을 수습하려다 성희롱을 큰 '사건'으로 만들어 버리는 경우가 실제로 많습니다.

그렇게 되지 않도록 상사로서 동료로서 친구로서 문제 해결을 위해 할 수 있는 일은 아주 많습니다. 문제를 최소화하고 '피해'를 내지 않는 것은 회사의 생산성과 인사관리, 보다 나은 업무 환경을 위해 중요합니다. 연애 문제가 얽혀 있는지의 여부와 관계없이 성희롱을 둘러싼 사정에는 오해나 잘못된 믿음이 몹시 많고, 그렇기 때문에 사태가 뒤얽히는 경우가 많습니다. 조직에서 일어나는 성희롱 문제에 쓸데없는 노력을 소모하지 않도록 효율적인 대응 자세를 취합시다.

또한, 이 책에서 언급하는 사례는 특별한 보충 설명이 없는 한 모두 재판이나 노동 심판에서 다투어지는 등 실제로 일어난 사건들입니다. 공무원의 사례가 많은 이유는 민간 기업의 경우 사건이 재판으로 발전하거나 피해자가 외부 기관에 호소하지 않는 한 처분이 이루어져도 내부 비밀로 취급해 정보가 외부로 나오기 어려운데 반해 공기업에서의 징계처분은 공표되는 것이 원칙이기 때문입니다. 그렇다고 민간 기업에서 성희롱이 일어나기 어렵다는 말은 아닙니다. 오히려 공무원은 신분보장이 확실하기 때문에 민간 쪽이 보다 엄격한 처분이 이루어지는 측면도 있습니다.

또 성희롱은 남성이 여성에게 가하는 언동에만 한정되지는 않습니다. 여성이 남성에게 행하는 경우도 있으며, 성적 요소가 존재하는지의 여부와 관계없이 동성 간에 발생하는 경우도 있습니다. 이 책은 앞에서 언급한 목적에 따라 남성 가해자와 여성 피해자라는 전형적인 패턴을 주로 다루지만, 그렇다고 해서 그 외의 형태가 없는 것은 아니라는 점을 말씀드립니다.

'깊고 어두운 강이 있다'고 남녀 사이를 표현한 오래된 노래가 있습니다. 성희롱을 둘러싼 남녀 간 생각의 차이가 그 전형을 보여 주는지도 모릅니다. 잘못하여 나중에 소송을 당하는 처지에 빠지지 않도록, 그리고 직장에서 그러한 트러블이 발생하지 않도록 하는 데에 이 책이 보탬이 되기를 기대합니다.

잘못투성이 성희롱 '상식'

●●●
'균등법' 상담의 절반은 성희롱

'성희롱'이란 말을 자주 듣긴 하지만 내 주변에서 일어난 적은 없다, 우리 회사처럼 엄격한 직장에서 설마 그런 일이 있으려고? 무엇보다 나와는 아무 상관없다.

이렇게 생각하는 남성분들이 많을 테니, 우선 실태를 살펴보죠.

실제로 직장 내 성희롱은 생각보다 많이 일어납니다. 도도부현(都道府縣, 일본의 광역자치단체인 도쿄도, 홋카이도, 오사카부, 교토부, 43개 현을 모두 묶어 이르는 말.―편집자) 노동국 고용균등실(이하 '고용균등실', 각 도도부현 노동국 내 설치되어 있는 균등실의 주요 업무는 균등법, 파트타임노동법 등의 상담과 필요한 경우 사용자에 대한 행정지도, 분쟁 해결 지원 등이다.―옮긴이)

에 들어오는 균등법 관련 상담 건수는 2009~2011년 사이에 매년 2만3천 건 정도였습니다. 그중 절반 이상인 약 1만 2천 건이 직장 내 성희롱에 관한 상담입니다.

또한, 도도부현 노동국장에게 분쟁 해결 지원을 신청하여 수리된 건수는 2011년에 약 600건인데, 역시나 그중 절반 이상인 326건이 성희롱과 관련된 것이었습니다. 기회균등 조정회의에 조정을 신청하여 수리된 건수의 약 70% 역시 직장 내 성희롱에 관한 것이었습니다(자료 출처는 모두 후생노동성 도도부현 노동국 고용균등실 발행 팸플릿 〈사업주 여러분, 직장 내 성희롱 대책은 당신의 의무입니다!!(事業主の皆さん 職場のセクシュアルハラスメント対策はあなたの義務です!!)〉(2012). www.mhlw.go.jp/general/seido/koyou/danjokintou/dl/120120_01.pdf).

주목해야 할 것은, 이렇게 고용균등실 창구로 들어오는 상담 가운데 "회사에 상담 및 고충처리 창구가 있기는 하나, 신청하기 껄끄럽다", "상담할 수 있는 회사 분위기가 아니다"는 등의 내용이 들어 있다는 것입니다.

다시 말해, 우리 회사에서 성희롱에 대해 들어 본 적이 없거나 우리 회사의 상담 창구에 그러한 상담이 들어오지 않는다고 해서 성희롱이 일어나지 않는다고 할 수 없다는 것입니다. 오히려 상담하기 껄끄러워 물밑에서 문제가 악화되고 있는지도 모릅니다. "우리 회사에서만큼은 성희롱이 없다", "나와 성희롱은 상관없다"고 생각하는 것은 절대 금물입니다.

성희롱의 산재 인정

직장 내 성희롱으로 인한 산업재해가 인정된 케이스가 최근에 있었습니다. 성희롱을 당해 그 정신적 고통 때문에 우울증에 빠지고, 치료를 받으러 다니거나 다른 방도가 없어 휴직하는 것이 전형적인 패턴입니다.

후생노동성은 2011년 12월, 〈정신적 장애의 산재 인정 기준에 관한 전문 검토 회의 보고서〉에 따라 성희롱에 의한 피해를 현실에 맞춰 폭넓게 산재로 인정할 수 있도록 새 기준을 내놓았습니다. 이에 따라 기업은 지금까지 해 온 것 이상으로 성희롱을 노동자 전체와 관련된 노동환경의 문제로써 적극적으로 다뤄야 합니다.

●●●

성희롱 리스트

그렇다고 해도 무엇이 성희롱인지, 성희롱 방지를 위해 회사나 직원이 주의해야 할 것이 무엇인지는 아직 명확하지 않습니다.

성희롱 방지를 위해 정부나 지자체, 기업과 대학이 발행하는 규정이나 홍보 팸플릿에 수록된 '성희롱 안돼요' 사례 모음만 봐도 대부분의 내용은 현실과 동떨어져 있습니다.

후생노동성이 열거하는 성희롱의 예는 다음과 같습니다.

① 성적인 내용의 발언

성적인 사실관계를 묻는 것, 성적인 내용의 정보(소문)를 유포하는 것, 성적인 농담이나 놀림, 식사나 데이트에 대한 집요한 요구, 개인적 성적 체험담을 이야기하는 것 등.

② 성적 행동

성적인 관계를 강요하는 것, 불필요한 신체 접촉을 하는 것, 외설적 사진이나 그림을 배포·게시하는 것, 강제 추행, 강간 등.

강제 추행이나 강간이야 성희롱 여부를 따질 것도 없는 범죄 행위라고 지적할 수 있지만, 이 외에도 '집요한 요구', '불필요한 신체 접촉' 등의 표현이 연상시키는 것은 매우 악랄한 확신범적 성희롱의 이미지입니다.

하지만 위와 같은 일이 실제 벌어진다 해도 그것은 성희롱의 극히 일부에 불과합니다. 성희롱이 문제가 되어 처벌이나 법적 절차까지 이르면 필시 '교제 강요', '데이트 강요', '추행', '집요한 괴롭힘'이라는 판단이 내려집니다. 하지만 그것은 어디까지나 결과론입니다. 그런 행위를 하는 쪽은 '적극적인 대시'를 했을 뿐, 상대가 싫어한다고는 생각지도 못했다는 사례가 수도 없이 많습니다.

자세한 것은 제4장 '여성은 왜 분명하게 'NO'라고 하지 않을까, 남성은 왜 여성의 거절을 눈치채지 못할까'에서 이야기하겠습니다. 성희롱 사건에서 남성이 상대가 싫어하는지 몰랐다고 말하는 경우는 흔합니다. 그것은 대부분 둔감해서라기보다 상대가 어떻게 받아들일지 신경조차 쓰지 않았기 때문입니다.

다시 한 번 말하지만 성희롱은 단순한 강요, 명백한 추행으로 나타나기보다는 미묘한 상호관계 속에서 일어납니다. 현실에서 성희롱은 더욱 복잡한 형태로 진행되며, '판에 박힌 듯'한 성희롱을 하는 남성은 별로 존재하지 않습니다. 노골적으로 일어나는 성희롱 사건도 흔치 않습니다. 계몽 팸플릿이나 가이드라인에 나올 법한 행위만이 성희롱이라고 생각하는 것은 금물입니다.

●●●

언론의 성희롱 보도는 요약판일 뿐

하지만, 일반적으로 그러한 현실은 전혀 알려지지 않습니다. 다시 말해 우리가 평소 성희롱 사례를 접하는 것은 신문이나 인터넷 뉴스로, 누군가 성희롱으로 처벌받았다든지, 경우에 따라서는 체포, 기소됐다는 등의 사건이 보도될 때입니다.

얼마 전의 일을 예로 들면, "다이에후쿠오카 사업의 '재건청부인'(再建請負人)"이라 불리는 저명인사가 체포되어 대대적으로 보도된 사건이 있습니다.

후쿠오카현 경찰청 수사1과는 25일, 프로야구팀 다이에호크스의 본거지인 후쿠오카돔 등을 운영하는 '호크스타운'(후쿠오카시 주오구)의 전 사장 고쓰카 타케시(모리오카시)를 두 명의 여직원을 강제로 끌어안는 등의 강제 추행 혐의로 체포했다. 여직원이 현 경찰청에 고소한 데 이어 그 외 복수의 직원이 그를 고소해, 현경은 죄질이 극도로 악질적이라 판단하고 여죄를 추궁하고 있다. (중략) 용의자 고쓰카 전 사장은 2002년 7월, 후쿠오카 시내의 회사 사무실에서 업무 보고 중이던 여직원을 끌어안았고, 올해 4월에도 후쿠오카시의 호텔 회의실에서 회의 준비를 하던 다른 여직원의 어깨를 끌어당겨 안는 등 성추행을 한 혐의를 받고 있다. 조사 과정에서 고쓰카 전 사장은 성추행을 했다는 사실은 인정했지만, '강제적이지 않았다'고 진술했다. 하지만, 피해자 중 하나는 "사장이기 때문에 인사 보복이 두려워 아무 말도 할 수 없었다"고 주장하고 있다. 관계자에 따르면, 고쓰카 전 사장은 호크스타운의 전신인 후쿠오카돔 사장에 취임(1999년)한 후 **성희롱을 시작**했으며, "여직원에게 혀를 집어넣어 키스를 하거나 가슴이나 허벅지, 그 안쪽까지 만졌던 모양입니다. 직원 여행에서는 직원의 이불 속에 숨어 들어가거나 휴대전화로 촬영한 여성의 음부를 휴대폰 대기 화면에 깔고 직원에게 보

여 주며 즐거워했다고 합니다." (중략) 고쓰카 전 사장은 "포옹을 하거나 뺨에 키스하는 것은 좋은 커뮤니케이션이라고 생각했다"고 변명하고 있다. 하지만 현경은 복수의 고소인을 근거로 피의자의 행위가 상습적이고 악질적이라고 판단, 체포에 이르렀다. (⟨석간 후지(夕刊フジ)⟩ 2004년 10월 26일, 강조는 필자)

이런 기사를 읽으면 성희롱은 악질적 행위이며 성희롱을 하는 남성은 용서하기 어려운 부도덕한 자라고 생각됩니다. 실제로 이 사건은 강제추행죄로 형사 기소되었고, 피고는 '사회의 질서를 어지럽히는, 가장 용서할 수 없는 범죄'로 징역 3년, 집행유예 5년이라는 판결을 받았습니다 (2005년 10월 6일 후쿠오카지방법원). 그러니, 만약 성희롱을 위의 사건과 같은 것이라고 생각한다면, 성희롱이라는 문제 제기를 당한 남성이 "내가 성희롱을 하는 나쁜 사람일 리가 없다!"고 분노하는 것도 이해가 됩니다.

하지만 이렇게 언론의 보도나 재판 판결문의 묘사는 **단순화된 요약판**입니다. 사후에 이런 식으로 이야기를 엮을 수는 있지만, 현실에서 성희롱이 나타나는 방식은 다양합니다. 중대한 인권침해지만, 다른 관점에서 보면 일반적인 직장에서 일반적으로 일어나는 별 것 아닌 일로 보이기도 합니다. 구체적인 내용은 지금부터 하나하나 살펴보겠지만, 후생노동성도 최근에는 이러한 점을 강조하기 시작했습니다.

●●●

둔하다고 성희롱 책임이
없는 것은 아니다

후생노동성은 앞에 다뤘던 성희롱의 산재 인정 기준을 완화하고자 만든 새 기준 통지에서 다음과 같은 '유의 사항'을 기재하고 있습니다.

① 성희롱을 당한 자(이하 '피해자'라고 한다)는 근무를 계속하고 싶다거나, 성희롱을 행한 자(이하 '행위자'라고 한다)로부터의 성희롱 피해를 가급적 가볍게 하고 싶은 심리 등으로 인해 어쩔 수 없이 행위자에게 영합하는 듯한 메일을 보내거나 행위자의 권유를 받아들이거나 하지만, 이러한 사실이 성희롱 피해를 부정할 이유가 되지는 않는다.

② 피해자가 피해를 당하고 바로 상담 등의 행동에 나서지 않는 경우가 있으나, 이러한 사실이 심리적 부담이 적기 때문이라고 판단할 이유가 되지는 않는다.

(《심리적 부담에 의한 정신적 장애 인정 기준에 대해》 2011년 12월 26일.)

http://www.mhlw.go.jp/bunya/roudoukijun/rousaihoken04/dl/120118a/pdf

이것을 알기 쉽게 바꿔 말하면, **여성이 즐기고 있는 것처럼 보여도 성희롱**일 수 있으며, **난처한 것처럼 보이지 않아도 실은 성희롱**으로 인해 충격을 받는 경우도 있다는 것입니다. 즉, 후생노동성도 **성희롱은 겉보기와는 다르다**는 점을 기업들이 인식하도록 하고 있는 것입니다.

그렇다고 해도, 아마도 많은 남성은(자신이 당하지 않은 여성도 포함) '즐겨도 성희롱? 권유를 받아들여도 성희롱? 그럼 뭐든 성희롱이라고 할 수 있다는 건가?'라고 생각하겠죠. 하지만 대부분 성희롱의 현실은 분명히 이렇습니다. 상대로부터의 보복이 두려워 싫다고 말하지 못하고, 오히려 여성이 맞춰 주는 태도를 취하는 경우도 많고, 그뿐 아니라 상황에 따라 뿌리치는 방식이 다르거나, 처음에는 합의한 연애라도 성희롱으로 바뀌는 경우도 있습니다. 그럼에도 많은 성희롱 가해 남성은 그것을 깨닫지 못한 채 사태를 악화시키고 맙니다.

이 책에서는 그러한 여성의 심리나 행동 패턴에 대해 상세히 설명하고, **보이지 않는 것을 보는** 비결을 알려드립니다. 하지만 지금은 우선, **둔감함이 성희롱의 면책 사유가 아니다,** 즉 자각하지 못했다, 몰랐다는 것으로 성희롱에 대한 책임을 피할 수 있는 것은 아니라는 점을 알아 두시기 바랍니다.

●●●

깨닫지 못해도 성희롱

이런 사례가 있습니다.

A씨의 회상

새로 비상근직에 배치된 B양은 얌전한 인상의 이상형. 임시
직이라 근무 기간은 1년뿐. 뒤탈도 없을 테고, 어떻게 좀 해
볼까. B양도 모르는 것을 물어보러 오거나 하는 걸 보니 나
에게 친근감을 느끼는 것 같다.

월말에 있었던 회사 환영회에선 내 옆자리에 앉은 데다 이야
기도 아주 잘 통해 좋은 분위기였다. 술은 거절하지 않고 가
끔씩 몸도 밀착하는 걸 보니 꽤 적극적이다. 바래다주러 갔
을 때도 B양이 일부러 인기척 없는 공원으로 가서 이 정도면

괜찮겠다 싶어 키스를 했다. "아니, 이런 건…" 하며 깜짝 놀라는 듯한 모습이었지만, 어린 아가씨가 너무 적극적으로 다가오면 나도 당황스럽지. 그 증거로 다음 주에 술 마시러 가자고 하니 흔쾌히 응했다. 얼마 전의 환영회와는 달리 일대일이어도 괜찮다는 걸 보니 B양도 같은 생각임에 틀림없다. 단 둘이 만난 술집에서도 분위기가 좋았고, 오늘은 호텔까지 가 볼 참으로 키스를 했는데 아직 방어가 심했다. 뭐 어쩔 수 없지, 다음에 기회가 또 있을 테니.

그런데 B양은 완전히 다른 식으로 받아들입니다. B양의 입장에서 얼마 전의 일을 돌아보면,

B양의 회상(1)

마침내 발견한 일자리. 비상근이기는 하지만 관청인 데다 보험과 연금도 붙는다. 1년짜리지만 계약이 연장될 가능성도 있다. 조금이라도 더 오래 일할 수 있도록 열심히 해야지.

다만 신경 쓰이는 것은 A씨. 자꾸 내 쪽을 보면서 친한 척을 한다. 자리도 가깝고 내 일의 담당자라 지시도 따라야 하니,

기분 상하게 하지 않도록 조심해야지.

환영회 날, A씨의 지시 때문에 일이 늦게 끝나 회식 장소에 갔더니 A씨의 옆자리만 비어 있었다. 혹시 그걸 노리고 일부러 잔업을 시켰나? 난 술을 별로 좋아하지도 않는데, 무턱대고 술을 따라 주는 바람에 제법 취했다. 팔을 툭툭 치고 어깨를 갖다 붙이고 함부로 스킨십을 하는 것도 싫었다.

집에 가려고 하니 같은 방향이니 데려다 주겠다고 한다. 괜찮다고 사양해도 집요하게. 공원을 가로지르는 지름길이 있어 그쪽으로 간 것이 화근이었다. 믿기 어려운 일이지만, 키스를 당했다! 싫어하는데도 두 번이나! 들이받을 수도 없고, 정말 어이가 없다. 다음 주에 다시 얼굴 마주하기도 싫지만, 어렵게 구한 직장이니….

또 다시 믿기 어려운 일이 일어났다. 주초에 A씨가 같이 술을 마시러 가자고 한다. 내가 그렇게 거부했는데도, 무슨 일이람? 키스해서 미안하다고 사과할 생각인가? 어쨌건 다시는 그러지 않았으면 좋겠다고 알아듣게 얘기해야지.

하지만 술자리에서 지금 하고 있는 일의 전망이나 계약 연장이 가능할지도 모른다는 이야기가 나왔다. 내가 바라던 바이니 새삼스레 "다시는 키스 같은 거 하지 마세요"라고 말하기도 껄끄럽고… 그러자, 어이없게도 또 키스를 당했다! 다음 날부터 A씨와 얼굴 마주하기도 괴롭다…. 어렵게 들어온 직장인데, 용서할 수 없다!

어떠신지요.

이 A씨, B양의 회상은 저의 창작이지만, 이 사건은 실제로 2007년에 성희롱으로 처벌받은 국가공무원의 사례에 근거한 이야기입니다. B양의 성희롱 기소에 대해 그녀의 직장에서 조사하고 인정한 사건 관계는 다음과 같습니다.

A는 회사 환영회 후 팀에 배치된 지 얼마 안 된 B양이 귀가하는 도중 인적 없는 공원에서 B양을 끌어안고 입에 키스를 했다. 거부하는 B양에게 같은 행위를 적어도 2회 반복했고, 또 다른 자리에서도 술을 마신 후 키스를 반복했다.

그 결과, A씨는 징계로 감봉(10%, 3개월) 처분을 받았습니다. 하지만 A씨는 이 처분을 이해하지 못했습니다. 키스를 한 사실은 인정하지만, 상대가 싫어하지 않았기 때문에 상대의 뜻에 반하는 행위인 줄 몰랐고, 따라서 성희롱에 해당하지 않는다고 처분 무효를 요구하며 인사원(내각 소속의 중앙인사행정기관. 국가공무원의 임금, 그 밖의 근로조건의 개선 및 인사행정에 관한 권고, 시험 및 임명, 직원의 이익 보호 등 인사에 관한 행정사무를 담당하는 기구로 1948년에 설치되었다.—옮긴이)에 호소한 것입니다.

결과적으로 인사원은 "B양은 팀에 배치된 지 얼마 되지 않아 A씨와 친밀한 관계도 아닌데, B양이 A씨의 행위를 받아들였다고 인식하는 것은 부자연스럽다"고 판단, A씨의 주장은 인정되지 않고 처분은 뒤집히지 않았습니다.

회사와 인사원의 판단은 타당하다고 할 수 있지만, A씨가 "상대가 싫어하지 않았다"고 생각한 것도 그의 입장에서 보면 어이없는 억지 주장은 아닙니다. 제가 창작한 A씨의 회상도 그의 이야기에서 크게 벗어나지 않을 겁니다. A씨의 관점에서 보면 B양과 환영회에서 얘기가 잘 통했고, 좋은 분위기였고, 귓갓길에 키스를 받아들였고, 두 번째 술자리 제안을 받아들인 것은 나에게 호감을 갖고 있다는 증거다, 싫다면 두 번 다시 나와 술을 마시지 않았을 것이다, 저항하는 기색을 보인 것은 여자답게 싫은 척한 것이 틀림없다…. 그렇게 생각했다 해도 이상하지 않습니다. A씨에게는 성희롱은커녕 B양의 갑작스런 심경 변화처럼 보였을지도 모릅니다.

A씨 입장에서는 처분 이유가 된 판단을 전혀 이해할 수 없을 것이고, B양의 주장에는 경악할지도 모릅니다. B양의 입장에서도 A씨의 이해 방식을 믿을 수 없을 것이고, 심지어는 거부하는 B양에게 키스를 반복했다는 회사의 사실 판단도 B양이 받아들인 사태와 어긋나 있을지도 모릅니다.

●●●

자발적이어도 원치 않으면 성희롱

이것도 어디까지나 저의 창작이지만, 이런 가능성도 생각해 볼 수 있습니다. 앞의 B양 회상문 중 세 번째 단락부터입니다.

B양의 회상(2)

환영회 날, A씨의 지시 때문에 일이 늦게 끝나 환영회가 열리는 장소에 가니 A씨의 옆자리였다. A씨가 권하는 대로 술을 마시고 상당히 취한 탓에 비틀거렸다.

방향이 같으니 집까지 데려다 주겠다고 A씨가 말했다. 괜찮다고 사양했지만, 끝까지 말리지 못했다. 공원을 가로지르는 길이 제일 빨라 그쪽으로 간 것이 잘못된 선택이었다. 키스를 당했다. 싫다고 뿌리치면 계약 해지를 당할지도 몰라 받아들일 수밖에 없었다. 다음 주에 얼굴 마주할 생각을 하면 마음이 무겁지만, 어렵게 구한 직장, 절대로 잘릴 수는 없다.

주초에 A씨가 술을 마시러 가자고 청했다. 키스를 했으니 나도 자기에게 호감을 갖고 있다고 생각하는 걸까? 오해라고 얘기해 주고 싶은데, 똑 부러지게 얘기할 수 있을까….

술자리에서 계약이 연장될지도 모른다는 이야기도 나와 이제 와서 키스 얘기를 할 수는 없었다. 그러자 또 키스를 했고, 그만 빨리 끝내라고 생각하며 눈을 감았다. 일을 그만두고 싶지 않은데, 어떻게 하면 좋을까….

이 경우 곁에서 보면 B양이 싫어하는 것처럼 보이지 않습니다. 어쩌지, 큰일이다, 이럴 생각 아니었는데 등등 **마음속**으로야 아주 싫었겠지만, A씨가 보기에는 "전혀 저항하는 기색이 없었다"고 보였겠죠. (2)의 B양은 A씨에게 노여움을 사 일에 악영향을 끼치면 곤란하니 바라던 바가 아님에도 그 마음을 겉으로 나타내지 않고 키스를 받아들인 것입니다. 만약 그 때 공원을 지나다 두 사람을 본 '목격자'

가 있다고 해도 "다투는 것 같지는 않았습니다. 열애 중인 커플이라고 생각했습니다"라고 증언하겠죠.

그렇다면 왜 성희롱인가, 싫어하는데도 하는 것이 성희롱 아닌가라고 생각할지도 모릅니다. 하지만 그 점이야말로 성희롱에 관한 상식의 오류입니다. '상대가 싫어하니 성희롱'인 것은 분명히 맞지만, 싫어하는 기색을 보이지 않아도 일 때문에 **원치 않는데도 받아들일 수밖에 없는 상황에 몰리는 것**도 성희롱인 것입니다.

영어 표현을 쓰자면 voluntary(자발적)이어도 unwelcome (원치 않는) 행위면 성희롱인 것입니다. 억지로 강요당한 것은 아니지만 '아니오'라고 하면 곤란해지기 때문에 스스로 받아들인다는 의미에서 '자발적'이더라도 업무상 입장에서 원치 않는 성적 행위를 강요당하므로 성희롱인 것입니다.

혹시 몰라 되풀이하지만, (2)의 B양은 어디까지나 저의 창작입니다. 실제로 일어난 일은 (1)의 상황일 것입니다. 하지만 현실적으로 (2)와 같은 상황은 일어날 수 있습니다.

여성은 속마음과는 전혀 달리 겉으로는 싫어하는 것처럼 보이지 않습니다. 그러나 여성의 입장에서는 엄청난 고통이며 당치 않은 성희롱입니다. 하지만 남성 입장에서는 전혀 그렇게 보이지 않습니다.

●●●

성희롱은 〈라쇼몽〉

이 정도로 성희롱은 보는 사람에 따라 관점이 달라집니다.

아쿠타가와 류노스케(芥川龍之介)의 단편소설 《덤불 속》을 원작으로 한 구로사와 아키라(黑澤明) 감독의 〈라쇼몽〉이라는 영화가 있습니다.

헤이안 시대, 황폐하기 이를 데 없는 교토(京都)의 산 속에서 무사의 사체가 발견됩니다. 하수인이 누군지 수사하는 헤이안의 경찰관과 감찰관. 증거품으로는 현장에 흩어져 있던 '상류층 여성의 삿갓', 짓밟힌 '무사의 건', 끊어진 '새끼줄', 그리고 '부적 주머니'. 무사의 아내, 도적, 그리고 죽은 무사의 영이 씌인 무당이 증언하지만, 각각의 이야기는 모두 앞뒤가 맞으면서도 전혀 다른 이야기입니다. 진실은 대체 어디에 있을까.

이 이야기는 사건을 목격했다는 새로운 인물의 등장으로 이어지지만, 그의 목격담이 '진실'이라는 증거도 없습니다. 같은 사건이라도 관여한 사람들의 입장에 따라 완전히 다르게 보입니다. 사람들이 거짓말을 하고 있는 게 아니라 자신의 이해관계나 경험, 성향 때문에 무의식중에 다른 상이 맺히는 것입니다.

어떤 의미에서는 성희롱도 마찬가지입니다. 사람은 누구든 자신에게 유리한 쪽으로 상황을 바라보게끔 되어 있습니다. "나는 성희롱 같은 것 하지 않았다!"고 우기는 남성도 꼭 거짓말을 할 생각은 아닐 겁니다.

이번 사례는 성희롱이라기보다 형법에 저촉되는 중범죄이지만, 올림픽 금메달리스트인 유도 선수가 제자를 술 취하게 하고 성폭행을 해 준강간죄의 유죄판결을 받은 사건이 있었습니다(2013년 2월 1일 도쿄지방법원, 2013년 5월 현재 다툼 중). 유도 선수는 재판에서 일관되게 범행을 부인하고 합의한 성관계였다고 주장했으며, 판결 직전의 최종 의견

진술에서도 "저의 무죄를 강하게 확신합니다"라고 진술했습니다. "피고의 진술은 전혀 신뢰할 수 없다", "지도자의 지위에서 피해자의 심정을 무시한 피고의 행위는 죄질이 무겁다"는 판결이 내려졌지만, 유도 선수는 판결이 내려지자마자 재판관에게 항소의 뜻을 밝혔습니다. 이 사건은 언론에 크게 보도되었고 그의 태도에 대한 비판 역시 있었지만, 그의 입장에서 보면 "나는 무죄", "성관계는 합의"라는 믿음 역시 '사실'이라고 생각됩니다. 죄를 면하고 싶은 마음에 억지 주장을 하고 있다기보다 그가 생각하기에 그날 사건의 경위가 본인의 논리로 기억되어 있는 것입니다.

1심에서 유죄 판결을 받은 유도 선수의 사례는 물론이거니와 부하 여직원에게 데이트를 신청할 생각이었고 상대도 호감을 갖고 있다고 믿었던 공무원 A씨의 행동은 B양에게는 매우 안된 일이지만, 뻔뻔한 둔감함이라고 할 수 있을지 모릅니다. 하지만 그 둔감함은 현대사회를 사는 사람으로서 치명적입니다. 공무원 A씨는 B양이 두 번째 술자리에 응한 것이 "싫어하지 않았다는 증거"라고 본인에게 유리한 방식으로 생각하기 이전에 신입에, 게다가 임시직인 B양이 거절할 수 있는 입장인지 생각했어야 합니다.

성희롱 남성이 되고 싶지 않다면 자신이 보는 것만이 진실이라고 믿을 것이 아니라 무엇보다 상대의 입장에서 사태를 보려고 노력합시다. 관리자나 주위 사람들 역시 다각적인 입장, 특히 아랫사람의 입장을 충분히 고려해 판단을 내려야 합니다.

●●●

'성희롱은 당하는 사람의 주관에 따라
결정된다'는 거짓말

A씨 정도로 뻔뻔하거나 둔감할 생각은 없지만 나 역시 자각하지 못한 채 성희롱을 할 가능성이 없지 않다고 생각하는 남성들이 가장 두려워하는 것은 "성희롱은 당하는 측의 주관으로 결정된다"는 성희롱에 대한 '상식'입니다. 행위를 하거나 말한 사람이 전혀 악의가 없다 해도 상대가 불쾌하다고 생각하면 성희롱에 해당된다는 설명입니다.

　이것은 성희롱 문제를 다루는 데 있어 중요한 원칙입니다. 발을 밟힌 쪽은 아파도 밟고 있는 쪽은 아무렇지 않다, 그렇다고 밟고 있는 사람이 "이 정도쯤 별 거 아니다"라며 계속 밟는다면 밟히는 입장에서는 참을 수 없게 됩니다. 게

다가 특히 성적인 것에 관해 여성과 남성은 느끼는 방식이나 받아들이는 태도가 다릅니다. 남성의 기준에서 판단하거나 일이 결정되는 것을 여성은 견딜 수 없습니다.

그렇다고 받아들이는 쪽이 불쾌하게 생각하면 무조건 성희롱이라는 말은 성희롱 상식을 둘러싼 또 하나의 거짓말입니다. 받아들이는 쪽이 불쾌하다고 해서 성희롱이라고 단정할 수는 없습니다. 여성 중에는(남성도 마찬가지지만) 처한 상황이나 자라온 환경에 따라 특히 성적인 것에 민감하고, 상식적으로 허용할 수 있는 범위의 일에도 불쾌해 하거나 괴로움을 느끼는 사람도 있습니다. 후생노동성도 앞서 언급한 팸플릿을 통해 아래와 같이 주의를 촉구합니다.

"노동자의 주관을 중시하되, 사업주가 방지를 위한 조치 의무의 대상이 되는 것을 고려하면 일정한 객관성이 필요하다."
"피해를 입은 노동자가 여성일 경우 '평균적인 여성 노동자의 감정'을 기준으로 하고, 피해를 입은 노동자가 남성일 경우에는 '평균적인 남성 노동자의 감정'을 기준으로 하는 것이 적절하다."

그러므로 전혀 객관성도 없이 단지 상대의 반응이 이상하다고 해서 성희롱이 될까봐 걱정할 필요는 없습니다. 단, 설령 상대가 평균 이상으로 민감한 것이기 때문에 행위를 그대로 지속해도 되는 것은 아닙니다. 성희롱에 해당하지 않는다 해도 상대가 싫어하는 일은 하지 않는 것이 사회생활의 당연한 매너이며, 직장에서는 더욱 더 그렇습니다.

관리자나 교사는 직장 환경, 학습 환경을 배려할 필요가 있습니다. 그 사람의 감정을 '이상하다', '지나친 생각'이라며 전적으로 부정해 버리면 그야말로 성희롱이 되고 맙니다.

남자가 알아차리지 못하는 첫 번째 이유

성희롱은 〈라쇼몽〉, 당사자의 입장에 따라 보는 게 달라진다

최근 부부 싸움을 하신 적이 있습니까? 아내는 굉장히 화가 나 있는데, 그 이유를 전혀 몰랐던 경험은 없으셨나요? 그것 역시 남편과 아내의 '상황을 보는 관점'이 크게 다르기 때문입니다. "여자들이란, 별 것 아닌 일에 화를 낸다니까", "여자는 비논리적"이라는 한마디로 끝내 버리지 말고, 지금 일어난 일이 아내에게는 어떻게 비춰지고 있을지 생각해 보면 어떨까요? 그것이 성희롱 수업의 첫걸음입니다.

제2장

대부분의
성희롱은
회색 지대

💬💬💬

넓은 의미의 성희롱과
좁은 의미의 성희롱

성희롱이 도대체 뭔지 모르겠다, 성희롱에 해당되는지 아닌지 구분하기 어렵다는 목소리를 자주 듣습니다. 그런 분들은 종종 성희롱을 새까만 유죄거나, 혹은 결백한 무죄라는 식으로 생각하고 계신 듯합니다. 하지만 그건 너무나 비현실적입니다. 사실 성희롱은 어느 쪽이라고도 할 수 있는, 즉 회색 지대에 해당하는 경우가 많습니다.

　애초에 일본어에서 통용되는 '성희롱'이라는 단어의 사용법은 상당히 폭이 넓은데, 크게 **넓은 의미의 성희롱**과 **좁은 의미의 성희롱**으로 구분할 수 있습니다. 일상적인 언어로써의 사용법과 법적인 사용법이라고 할 수도 있겠고, **옐**

로카드와 **레드카드**의 차이라고 하면 더욱 이해하기 쉽겠죠. 이 두 가지는 중첩되는 부분이 있기는 하지만 크게 다릅니다.

좁은 의미는 그 행위가 '희롱(harassment)'에 해당된다고 '공식 인정'되는 성희롱입니다. 제소나 상담이 있고, 조사를 거쳐 "이것은 희롱"이라 판단되며, 어떤 조치나 처벌이 내려집니다. 즉, 레드카드를 받게 되는 겁니다. 그 중에는 강제 추행 같은 범죄나 명백한 강요로 이루어진 '새까만' 행위, 인권침해에 해당하는 행위도 포함됩니다.

한편, 일상어로써 사용될 때는 넓은 의미를 갖습니다. "결혼 안 해?"라고 집요하게 묻거나, 그저 그런 상사가 노래방에서 듀엣을 하자고 청하거나, "성가셔", "그만 좀 해"라는 생각이 들 때, "이거 성희롱 아니에요?"하며 가볍게 잽을 날리는 방식입니다. 얼굴에 대고 "싫어요", "그만 하세요"라고 하기는 너무 날이 서 보이니 "성희롱 아닌가요"라고 가볍게 말하는 거죠. 이것은 소위 옐로카드인데, 주의해서 멈추면 그걸로 그만입니다(축구에서는 한 시합에서 옐로카드를 두 장 받으면 레드카드와 마찬가지로 퇴장이니 그보다도 가볍죠).

이렇게 '성희롱'을 옐로카드로 활용하는 방식은 굉장히 편리합니다. 1989년에 성희롱이라는 단어가 처음 소개되었을 때 순식간에 유행처럼 퍼진 것은 이것이 편리한 말이기 때문이었습니다. 성희롱은 "싫어요"라고는 말하기 어렵지만 농담처럼 주의를 환기시켜 그만두게 하는, 굉장히 편리하고 유효한 단어입니다. 말이나 행위를 한 본인의 의도가 어떻든 사용하기 부담 없죠.

　　따라서 이럴 때의 '성희롱', '희롱'은 인권침해에 해당하는 처분을 필요로 하는 좁은 의미의 희롱, 성희롱과는 상당히 다릅니다. 이 광의의 사용법에는 '검정'에 가까운 것도 포함될 수 있지만, 회색, 그것도 흡사 흰색에 가까운 회색도 있을 겁니다('강요'라고 인정되는 경우에도 당사자의 입장에 따라 애매한 성희롱에 대해서는 제4장에서 자세히 살펴봅니다).

　　성희롱이 고민거리인 이유는 입장에 따라 관점이 다르기 때문만이 아니라 이렇게 '회색 지대'가 넓기 때문이기도 합니다. 그리고 '회색'에도 짙고 옅음이 있습니다.

●●●

회색 지대는 어떤 색으로든 변할 수 있다

회색 지대의 성희롱은 **그 후의 대처에 따라 어느 쪽도 될 수 있습니다.** "거북하긴 하지만 뭐, 대략 허용 범위"로 끝날 일이 잘못 대처하면 검은 성희롱이 되고 맙니다.

2011년 초에 언론을 떠들썩하게 했던 유명 정치가의 성희롱 발언이 있었습니다. 이 정치가, 술자리에서 너무 흥이 났던지 여기자에게 "내가 나이는 먹었지만, 아직 서려나?", "오, 선다, 선다, 나도 아직 괜찮아", "짱짱하다"라는 말을 내뱉었다고 합니다. 여기자의 가슴팍을 만질 기세였다고도 합니다.

이 발언이 옐로카드에 해당하는 것은 틀림없습니다(정

치가에게는 특히나 높은 도덕성이 요구되니 옐로 판정으로는 약하다는 비판은 있겠지만).

이 말을 들은 여기자는 진절머리 쳤겠지만, 그렇다고 이것이 딱히 어딘가에 호소하고 사죄나 위자료를 요구해야 하는 레드카드급 성희롱이냐 하면, 그렇지는 않습니다. 항상 이런 언동을 반복해 여성 기자들의 취재가 곤란한 지경에 이른다면 이야기는 달라지지만(그럴 가능성이 없지는 않습니다), 단 한 번이라면 그런 페널티까지는 가지 않습니다.

하지만 어처구니없게도 이 정치가가 '관방장관의 성희롱'이라며 사건을 보도한 주간지를 명예훼손으로 고소했습니다. 2012년 6월, 도쿄지방법원은 "남성의 입장에서는 농담이라 해도 이를 불쾌하게 생각하는 여성이 적지 않다. 여성 기자에 대한 성희롱에 해당한다고 문제시되어도 어쩔 수 없다"고 판단, "성희롱이라 인정할 만한 언동이 있었다"며 정치가의 제소를 기각했습니다.

이 정치가, 어떻게 했어야 할까요. 그런 저열한 말을 사람들 앞에서 하지 않는 것이 상식이고 정치가라는 입장이면 더욱 그렇겠죠. 하지만 일반 남성이라면 사람이니 술에 취해 도를 넘는 일도 있을 겁니다. 부하 여직원들 앞에서 외설스러운 말을 입에 담는 일도 있을 겁니다. 분명히 성희롱 옐로카드입니다. 하지만 아침이 되어 술이 깬 후 몹쓸 소리를 한 것을 알았을 때 솔직하게 사과하면 일이 커지지 않습니다.

다음 날 "어제는 술에 취해 부주의한 말을 한 것 같다, 기분 상했다면 미안하다, 이런 일이 없도록 앞으로는 각별히 주의하겠다"고 사과합시다. 구단(九段, 일본의 국회가 있는 곳.－옮긴이)의 정치가가 사과의 메시지를 곁들인 꽃다발이라도 보냈다면 여기자는 씁쓸한 웃음을 지으며 "벌써 잊었으니 신경 쓰지 마세요"라고 정리했을지도 모릅니다. 그렇다면 사건은 일단락되고 그의 성희롱은 '성희롱 사건'이 되지 않습니다. 유명 정치가이니 대립하는 정당이나 세력으로부터 "정치인의 도덕성 문제"라는 등의 비판은 나오겠지만, 정치가로서 책임을 추궁당하는 결과는 되지 않았을 겁니다. 보도에 대해서도 "술에 취했다고는 하나 미안하다, 여기자에게는 이미 사죄했다"고 대응할 수 있었겠죠.

하지만 이 정치가는 그와 정반대로 대응합니다. 성희롱

같은 언동은 전혀 하지 않았다며 주간지를 고소했으니, 일이 수습되기는커녕 확대되었습니다. 그 덕에 이 여기자는 당일 밤에 기분이 상했을 뿐 아니라 소송 분쟁의 관계자가 되어 버렸습니다. 이제 그녀는 기자로서 이 정치가를 취재하기 어려워졌을 겁니다. 다시 말해, 그녀는 이 정치가의 발언으로 인해 정치 기자라는 직업에 큰 타격을 입고 만 것입니다. 중대한 성희롱이라고 할 수밖에 없는 사태입니다.

정색할수록 커지는 눈덩이

이런 식으로 회색 지대에 있던, 이미 처리되었던 성희롱이 이후의 서툰 대응 때문에 검은 성희롱이 되어 버리는 경우는 참으로 난감합니다.

이번엔 대학의 사례입니다. 연구실 학생과의 술자리에서 과음을 하고 3차로 간 노래방에서 흥에 겨워 록 음악을 샤우팅 창법으로 부르다가 마침내는 팬티 한 장만 남기고 옷을 벗어 버린 선생이 있었습니다. 남학생들은 더 하라며 부추기고, 여학생들은 말도 안 된다며 꺄악꺄악 소리를 질렀습니다. 거기에서 멈췄으면 좋았을 것을, 그러고는 한 여학생이 앉아 있는 소파 위에서 말 타는 자세를 취했습니다. 이에 여학생은 당연히 놀랐고, 도망치듯 귀가했습니다.

다음날, 그 자리에 있었던 여학생들은 충격으로 기운이 없는 그녀를 동정했습니다. 친구들은 이대로 둘 수 없다며 그 선생님의 연구실로 향했습니다.

"선생님, C가 엄청난 충격을 받았습니다."

"성희롱이라고 생각합니다. 사과해 주세요."

저마다 한마디씩 하는 여학생들에게 순순히 사과했으면 좋을 것을, 이 선생님은 체면이 구겨졌다고 생각했는지 사과는커녕,

"무슨 건방진 소리들을 하는 거냐, 너희들", "너희들도 소리 지르며 좋아했잖아"라며 오히려 세게 나왔습니다.

더구나 그중 한 여학생에게

"너, 작년에 과락했잖아. 이런 건방을 떨고도 올해는 괜찮을 거라 생각해?"라고 적반하장.

학생 입장에서 보면 성희롱에 항의했다는 이유로 보복 협박을 당한 셈입니다. 여학생들은 선생님이 사과만 하면 된다고 생각했는데, 처음 의도와 달리 C양이 대학 측에 공식적으로 성희롱 신고를 하기에 이르렀습니다.

대학 당국 역시 C양의 부모가 지인인 변호사와 상담하겠다는 말에 "일을 크게 만들 셈이냐"고 C양을 질책하며 아무것도 해결하지 못했습니다. 그 남자 교수의 연구에서 배제되고 희망했던 코스에 진학할 수 없게 된 C양은 결국 남자 교수와 대학을 상대로 성희롱에 의해 교육 기회를 박탈당해 정신적 고통을 입었다며 손해배상 청구 소송을 제기했습니다.

법원이 C양 주장의 타당성을 인정해 C양은 승소하고 남자 교수는 정직 1개월의 징계처분을 받았습니다. 하지만 C양 입장에서 보면 선생이 처벌을 받았다고 한들 소 잃고 외양간 고치기입니다. C양이 만회할 수 없는 커다란 피해를 입었다는 점은 변하지 않는 괴로운 결말이었습니다.

이런 경우 "술버릇이 나빠 미안하다"고 순순히 사과했다면, 혹은 대학이 그렇게 했다면 재판이나 징계 등의 소동은 없었을 것이고, 무엇보다 여학생이 어쩔 수 없이 진로를 변경하는 막대한 피해도 없었을 것입니다. 이 또한, 회색이 검정으로 바뀐 전형적인 예입니다.

남성들은 아무래도 "그거, 성희롱 아닌가요?", "성희롱

하지 마세요"라는 목소리에 과잉 반응을 일으키는 모양입니다. 일단 성희롱이라고 인정하면 바로 범죄자 취급을 당해 직장이나 세상에서 제재를 당하게 될 거라고 생각하는 걸까요?

강제 추행이나 강간 같은 극히 일부의 악질적 행위를 제외한다면 성희롱이었는지도 모르겠다고 인정한다고 해서 바로 유죄가 되지는 않습니다. 부디 과잉 반응, 적반하장으로 사태를 악화시키는 일이 없도록 냉정하고 성실하게 대응합시다.

●●●

나도 잘 모르겠다
– 언제까지나 'OK'는 아니다

회색 지대의 또 하나의 전형으로, 대체 성희롱인지 아닌지 여성 자신이 잘 모르는 경우가 있습니다.

저명한 페미니스트인 우에노 치즈코 씨 앞으로 온 '인생 상담' 중에 이런 사연이 있었습니다(〈아사히신문(朝日新聞)〉 토요일판 '고민의 도가니(悩みのるつぼ)', 2012년 8월 18일).

상담자는 20대 여성 직장인. 30대의 기혼 상사로부터 이따금 대시를 받고 있습니다. 둘만 있을 때는 "좋아한다"는 말을 되풀이하며 뒤에서 껴안는 상사. 그런데 이 여성은 애처가인데다 아이들도 잘 돌보고 일도 잘하는 그 상사에게 호감을 갖고 있습니다. 이런 그녀의 고민이란 "그가 고

백을 하거나 몸을 만져도 아무런 거부감이 없고, 마치 남의 일처럼 사태를 내버려 두고 있다"는 것. 성희롱이라고 느껴 혐오감이 일었다면, 이를 거절할 강한 의지가 생겼을 텐데…. 자신의 '경박함'이 이 여성의 고민입니다.

이 상담에 우에노 씨는 "그것은 성희롱"이라고 딱 잘라 답변했습니다. "이 여성은 의지할 상사를 잃을까 두려워 싫은 일을 싫다고 느끼지 않도록 감각을 차단하고 있다. 바로 그것이 뿌리 깊은 문제"라고.

과연 우에노 선생, 무릎을 탁 치게 만드는 답변입니다. 저 역시 우에노 씨의 견해에 동의하지만, 어떤 의미에서 이 사례는 회색 지대의 경우이기도 합니다. 이렇게 "나도 모르겠다"라는 생각이 드는 것은 이 여성이 특별히 자존감이 부족해서가 아니라 흔한 일입니다. 여성은 정말 '성희롱인지 아닌지 모르겠'는 겁니다.

일본의 아이들 사이에서 큰 문제인 집단 따돌림과도 비슷한 구석이 있습니다. 장난이 계속되던 중에 점점 강도가 세져 '괴롭힘'이 되어 갑니다. 하지만 괴롭히는 아이나 주변에서는, 그리고 가끔은 괴롭힘을 당하는 측도 '늘 있는

못된 장난'이라고 생각합니다. 그러다가 불행하게도 자살이나 큰 부상, 죽음에 이르는 사태가 되고 나서야 처음으로 그것이 괴롭힘이었다고 '발견'되는 것입니다.

아마도 이 사례엔 복잡 미묘한 심리가 작동할 겁니다. 이 여성은 스스로 걱정하고 있듯 "무의식중에 상사에게 존경 이상의 마음을 가져 자신의 매력을 알아줬다는 사실에 기쁜" 마음이 있는 겁니다. 주위에 다른 여직원도 있는데, 일도 잘하고 사생활도 존경할 만한 상사가 특별히 자신에게 관심을 갖고 있다는 사실을 기뻐하는 것은 이상하지 않습니다. 그런 마음이 드는 게 결코 나쁜 일은 아니죠.

따라서 이 경우는 객관적으로 보면 성희롱, 하지만 당사자는 꼭 그렇게만은 생각하지 않는 회색 지대입니다. 하지만 그것이 어느 순간 달라질 가능성은 매우 높습니다. 상사의 행동이 점점 강도가 세져서 "모르겠다"로 그치지 않게 될지도 모르고, 상사에게 환멸을 느낄 일이 생길 수도 있습니다(다른 여성에게도 똑같이 행동한 사실이 밝혀지는 것이 흔한 계기입니다). 그 때 여성은 "지금까지 오랫동안 내게 해온 것은 성희롱이었다"고 느끼게 되겠죠. 그러면 회사에 상담을 할 수도 있고, 회사에서 해결되지 않으면 노동국 고용균등실 같은 공적 상담 기관에 갈지도 모릅니다. 그때 이 상사는 "싫어하는 줄 몰랐다, 싫으면 왜 처음부터 말하지 않았나"하고 반론하고 싶겠지만, 그건 사후약방문입니다.

성희롱을 느끼는 방식은 같은 관계에서도 달라지는 법. 처음에는 아무렇지 않게 생각했던 것도 시간과 관계가 바뀌는 가운데 참기 어려운 성희롱으로 변해 갑니다. "처음에 OK였으니, 언제까지고 OK일 것"이라는 생각은 통하지 않습니다. 회색 지대에 있다면 블랙으로 바뀌기 전에 얼른 행동거지를 바로잡아 안전지대로 옮기는 것이 올바른 대처법입니다.

남자가 알아차리지 못하는 두 번째 이유

대부분의 성희롱은 회색 지대.
블랙만이 성희롱이 아니다

옐로카드에 민감해지고 솔직해집시다. 성희롱이라고 인정하는 것만으로 범죄자가 되지는 않습니다. 눈치 못 채미안했다고 순순히 사과하고 그 말과 행동을 반복하지 않으면 됩니다.

제3장

연애가
성희롱이
될 때

두근두근 스위치가 켜졌다면
이미 다리를 건너는 중

●●●

그 연애는 성희롱입니다,
그 불륜도 성희롱입니다

지금까지 몇 가지 성희롱 사례들을 살펴봤습니다. 이번 장에서는 연애에 얽힌 성희롱에 대해 이야기합니다. 다시 말해, 자신은 연애라고 생각했는데(불륜일지라도) 상대 여성이 성희롱이라고 주장하는 사례입니다. 남성이 가장 받아들이기 어려운 경우일 겁니다.

하지만 실제로 어떤 형태로든 성적 관계가 포함된 성희롱 사건을 자세히 들여다보면, 남성들은 상대 여성도 합의한 관계였으며 연인 사이였다고 주장하는 일이 적지 않습니다.

기혼이든 독신이든 직장의 여직원이나 여제자와 연애

하는 남성이 있습니다. 이러한 관계에서의 성희롱을 많이 봐 온 입장에서 말씀드립니다. 책임 있는 자리에 있다면 더욱 당연하지만, 평사원이라도 같은 직장의 파견 사원이나 계약직, 임시직 여성과 '어른의 관계'를 갖고 있다면 주의하시기 바랍니다. 성관계나 연애 관계까지는 아니더라도 아슬아슬한 이야기로 여성 직원을 즐겁게 해 줄 생각이라면 그 역시 위험합니다. 그 관계나 말과 행동이 나중에 '성희롱'으로 문제시될 가능성이 있습니다. 그렇게 되면 직장에서의 평가는 급락하고 더 나쁜 경우엔 징계처분을 받거나 어쩔 수 없이 퇴직할 수도 있습니다. 아내나 자녀와의 관계 악화도 불가피합니다.

서로 합의했다, 상대가 다가왔다, 상대도 즐겼다… "사실은 다르다"라고 남성은 반론을 펼치지만, **남성의 기억과 상대 여성이 이야기하는 과거의 사실에는 큰 차이가 있습니다.** 제1장에서 다뤘던 〈라쇼몽〉처럼 다른 렌즈를 통해 자신의 체험을 비추니 대체 어찌된 일인지 당혹스럽습니다. 어떤 판단이 내려질지는 물론 케이스마다 다르지만, 남성 쪽의 주장이 백 퍼센트 받아들여지기는 어려우며 남성이 받아들일 수 없는, 혹은 바라던 바가 아닌 쪽으로 결론이 날 가능성도 높습니다.

그러면 남성은 '억울하다', '부당하다'고 주장합니다. 하지만 그 주장은 쉽게 통하지 않습니다. 남성은 상대 여성이 거짓말을 하고 있다며 여성을 원망하고, 그것을 믿는 회사를 비난하겠지만, 실제로는 남성이 말하는 '연애'에 그 남성에게는 보이지 않는 현실이 있었던 것입니다.

● ● ●

악몽의 시작

이 유형의 경우, 남성에게 '사건'이 시작되는 전형적인 방식은 이렇습니다.

인사부나 총무과에서 호출합니다. 대학이나 지역에 따라서는 '인권 문제' 담당 부서로부터 연락이 옵니다. 무슨 일인지 가 보면, "당신이 성희롱을 했다는 주장이 접수되었다"고 합니다.

'설마, 대체 누가?' 싶은 '아닌 밤중에 홍두깨'인 경우도 있을 테고, '혹시 여자 친구가?'하고 짐작하는 경우도 있겠죠. 어느 쪽이든 "어째서 성희롱이라는 거지!?"하고 놀랍니다.

경우에 따라서는 관계가 악화되어 헤어지기 직전에 "이

런 일 용서 못해, 성희롱으로 신고해 주겠어"라는 말을 들었을 테니 호출을 당한 시점에 이미 예상을 하는 일도 있겠지요. 그래도 설마 정말로 신고할 줄이야….

'대리인'이라고 칭하는 변호사로부터 내용증명 서류가 우편으로 배달되는 경우도 있습니다. 그것만으로도 무슨 일인가 싶어 당황하지만, 알맹이를 보고는 더더욱 경악합니다. 사건 경위가 서류에 자세히 적힌 경우도 있고 대략만 나와 있는 경우도 있습니다만, 요컨대 성희롱을 했다, 따라서 마땅한 사죄와 배상을 하라, 그렇지 않으면 법적 조치를 취하겠다는 것입니다.

이렇게 방식은 달라도, 처음 성희롱 주장을 접한 남성 대다수는 '설마, 어처구니없다'하고 반응합니다. 대수롭지 않은 스킨십과 농담이었다고 생각했는데 성희롱이라는 주장을 접하는 경우 남성이 느끼는 당혹감도 작지 않습니다만, 남성이 연애라고 생각했던 '연애형 성희롱'의 경우 충격은 더 큽니다. "설마!?"라는 순간적인 놀람 뒤에는 곧바로 분노, 납득할 수 없음, 회사에 알려질 거라 생각지도 못했는데 체면을 구겼다는 감정이 덧붙여져 평상심을 유지할 수 없습니다. 예전에는 서로 끌려 뜨거운 사이였던 여성이 이런 짓을 하다니, 하는 배신감도 크겠죠. 더구나 변호사까지 등장하면 어딘가 두렵기도 합니다.

여성 쪽 주장을 자세히 듣는 단계가 되면, 이번에는 "거짓말이야!"라는 생각이 맴돕니다. 여성 쪽이 "집요하게 교제를 요구했다", "상사라서 거절할 수 없었다" "성관계를 강요했다"고 주장합니다. 남성은 여성의 주장을 설명하는 인사부장과 변호사에게 "그 주장은 엉터리!"라고 소리 높여 항의하지 않을 수 없습니다.

남성 입장에서 봐도 ○월 ○일 호텔에서 관계를 가졌다, ○월 ○일경부터 여성의 집에서 묵게 되었다 등등 여성이 주장한 내용은 분명 완전한 '날조'라고는 할 수 없습니다. 일부만 뜯어보면 '사실'임이 틀림없는 경우도 있고, '그 일'을 가리키는 건가, 하고 짐작 가는 곳도 있습니다. 하지만 남성 입장에서 실제로 일어난 이야기는 다릅니다. 억지로 키스나 섹스를 요구했다는 건 터무니없다, 그녀도 오케이했다, 그런데 사실이 '왜곡'되어 버렸다고밖에 남성으로서는 생각할 수가 없습니다. 그렇게 터무니없는 주장을 한 상대 여성에게 분노가 끓어오름과 동시에 인사부장은 그런 이야기를 곧이곧대로 믿은 것이고, 변호사 주제에 속고 있는 것인가, 이런 식으로 걸려들다니 너무하다… 남성은 그렇게 생각하겠죠.

그러니까 남성은 이대로 가면 '억울한 누명'을 쓰게 되며, 사실은 그렇지 않고 서로 합의한 연애였다고 주장합니다. 아내가 있는 입장에서 다른 여성과 관계를 가진 사실은 '부적절'했는지도 모르지만, 성희롱이라 할 만한 짓은 하지 않았다고. 아무튼 그 여성과 이야기할 수 있게 해 달라, 그러면 사실이 밝혀질 것이라고 인사부장에게 요구하지만, 상대 여성은 보복을 두려워하기 때문에 회사로서는 직접 이야기를 나누게 할 수 없다는 답변을 듣습니다. 상대 쪽 변호사는 더 말할 것도 없습니다. 여성에게 접근하면 마땅한 법적 조치를 취하겠다니 마치 흉악범 취급을 당하는 것 같아 점점 더 어처구니가 없어집니다.

직장에 따라서는 신속한 해결을 위해서라며 남성에게 자택에서 대기할 것을 명하기도 합니다. 그러면 남성은 '연애' 사실을 증명하려고 자신에게 남아 있는 그녀의 메일과 편지, 둘이서 찍은 여행 사진을 부끄러움을 무릅쓰고 제출하여 성희롱 가해자라는 '용의'를 벗으려고 필사적으로 노력합니다.

하지만 조직 내에서 조사가 진행되고 '사실관계'가 밝혀졌을 때, 남성의 주장은 부분적으로 인정되기는 하지만 '정상참작'되는 정도라 기본 결론은 달라지지 않습니다. 그리고 그에 근거해 처분이 이뤄집니다. 자신도 변호사를 내세워 본들 상대 변호사와의 교섭도 생각대로 되지 않습니다 (변호사와의 교섭에 관해서는 마지막 장에서 자세히 적겠습니다).

설마 결론이 이렇게 날 줄이야, 호출됐을 때부터 시작된 악몽이 이런 결론에 이르다니…. 엄중 경고나 감봉, 경우에 따라 징계 해고라는 엄한 처분을 마주하게 되면, 마침내 분노와 납득할 수 없는 감정은 절정에 달합니다.

● ● ●

왜 성희롱인가

이렇게 남성 쪽 입장에서는 아무리 생각해도 성희롱이라는 '누명'을 쓴 것처럼 여겨집니다. 연애 문제 때문에 헤어진 상대가 화풀이로 신고했나, 상대도 성인이고 합의한 연애였는데, 싫다는 의사표시가 있었다면 그런 일을 했을 리가 없는데, 이제 와서 이렇게 희롱이라고 주장하다니 참을 수 없다, 이런 일로 처분을 받다니 잘못 되었다라고.

하지만 그런 생각은 경솔합니다. 앞에 쓴 '경위'는 성희롱을 했다고 신고당한 남성에게서 나타나는 전형적인 수용 방식을 소개한 것입니다. 사실 남성에게는 '사태가 보이지 않습니다'.

먼저 교제가 '상호 합의'로 시작되었다는 점. 충분히 그럴 수 있습니다. 성희롱으로 문제시되는 사안 중에는 여성은 처음부터 전혀 그럴 생각이 없었는데 강제적, 위협적으로 교제나 관계를 강요당한 경우도 있습니다만, 쌍방 합의한 연애였는데 성희롱으로 신고당하는 경우도 분명히 있습니다.

합의 정도가 아니라 여성 쪽이 적극적으로 접근해 왔다고 남성이 생각하는 경우도 있을 겁니다. 남성에게 처자식이 있는 '불륜'의 경우에는 더욱 그런 패턴이 많을지도 모릅니다. 내심 '좋은 사람'이라고 생각했지만 자신의 입장상 다가갈 생각도 못했다, 상대가 적극적으로 나와 남녀 관계가 된 것이라는 식으로 말입니다.

그것이 사실이라 하더라도 **합의로 시작된 연애라는 사실만으로는 성희롱이 면책되지 않습니다.** 말도 안 된다고 생각하실 수도 있지만, 제1장에서 적은 것처럼 성희롱이란 상대가 싫어하는데도 억지로 성적 접근을 하는 것이라고만 할 수 없습니다. 또한 남성 쪽이 기혼자임에도 불구하고 여성 부하 직원과 성관계를 가진 불륜이므로, 혹은 선생이 학생에게 '손을 댔기' 때문에 괘씸하다는 낡은 성도덕의 관점에서 성희롱이라고 비난하는 것도 아닙니다('불륜이라니!'라는 식의 보수적 도덕관념에 사로잡혀 있는 독재적 사장이 있는 회사나, '깨끗하게 바르게'를 내세우는 보수적 여자대학 등에서는 '불륜'만으로도 잘리는 일이 있을지 모르겠지만…).

성희롱이라고 판단된 것은 남성이 깨닫지 못하는 부분에 그만큼의 사실이 있었기 때문입니다.

●●●

연애 혼합형의 두 가지 유형
– 망상계와 리얼계

그러면 남성에게는 보이지 않는 '실태'란 어떤 것일까요. 성희롱을 당했다고 회사나 대학에 신고한 여성은 어떤 식으로 사태를 받아들였기에 이렇게 주장하는 것일까요.

사례에 따라 여러 가지이긴 하지만, 연애 혼합형 성희롱의 유형은 크게 두 가지의 하위 유형으로 나뉜다고 할 수 있습니다.

하나는 여성이 남성과 연애를 하기는커녕 그럴 생각도 없었는데, 남성이 연인 관계라고 혼자 믿는 유형(이런 경우를 망상계라고 부릅시다), 또 하나는 여성 쪽 역시 일시적일지라도 교제 중이다, 연애 감정이 있었다고 인식하는 유형(현실의 연애에 기인해 일어난다는 점에서 리얼계라고 부릅니다).

단, 이 두 가지가 완전히 별개는 아니라는 점을 유의해주시기 바랍니다. 리얼계에도 망상에 가까운 혼자만의 믿음이 적지 않게 포함되어 있고, 망상계라도 실제 성관계를 가졌을 수 있습니다. 그런 경우 여성 쪽은 완전한 강요, 혹은 강간이라고 생각하지만, 남성은 이를 전혀 깨닫지 못합니다(이번 장에서는 그러한 사례의 전형적인 예를 다룹니다). 또한 리얼계여도 여성이 성희롱이라고 주장하는 한 거기에는 남성이 자각하지 못했던 – 망상이라기보다 착각일까요 – 것이 큽니다. 게다가 사람의 마음이라는 것은 타인이 짐작할 수 없는데다가 시간이 지나면 변하기 마련이라 연애 감정이 있었는지 없었는지에 대한 '진실'은 모두에게(본인에게조차) 미스터리라고 할 수 있을지 모릅니다(자세한 것은 5장에서). 요컨대, 이 둘은 많은 부분 겹치며 양쪽 요소를 모두 가진 사례도 많습니다.

그 점을 미리 전제하고 이번 장에서는 주로 망상계를, 제5장 '연애와 성희롱의 가깝고도 먼 거리'에서는 리얼계를 다뤄 연애 혼합형 성희롱의 실태를 살펴보겠습니다.

남성의 연애 망상

"합의하고 사귀었다", "여성도 같은 마음이었을 것"이라고 남성 쪽은 주장하지만, 여성 쪽은 "상사라서 친근하게 대했지만, 특별한 관계가 될 생각은 없었습니다. 그런데…", "선생님이 저를 연애 대상으로 보고 있을 줄은 생각도 하지 못했기 때문에 충격이었습니다"라고 증언하는 것이 전형적인 망상계의 전개 방식입니다. 즉, 여성 쪽은 남성의 강제적인 접근으로 교제나 성적 관계를 가질 뻔했다, 완전히 거절하지 못하고 강요당했다고 말합니다. 여성 쪽의 이런 주장은 남성 쪽 주장과 크게 어긋납니다. "설마 그럴 리가 없다", "굉장히 좋은 분위기였다", "여성 역시 적극적이지 않았나"라고 남성은 말합니다. 하지만 제가 상담이나 조사, 재판을 통해 많은 사례를 접한 경험으로 말하자면, 이런 남성들의 생각은 현실과 크게 어긋나 있어서 지나치게 낙관적인 남성의 망상이라고 느낄 수밖에 없는 일이 자주 있습니다.

어느 성희롱 사건에서 상대 여성 쪽이 적극적이었다는 남성의 증언을 들은 적이 있습니다. 이 남성은 상대 여성과 친밀한 관계를 갖게 된 경위에 대해 이렇게 증언했습니다.

어느 여름 날, 신입 사원이었던 그녀를 거래처에 데려갔고, 일이 끝난 후 "오늘 덥네. 좀 쉬었다 갈까"하고 마침 거래처 근처에 있는 여름 명소인 계곡으로 차를 몰았습니다. 그러자 그녀는 강가에서 샌들을 벗고 발을 찬물에 담그는 등 즐거워 보였습니다. 그때 **그녀가 치마를 끌어올렸습니다.** 이건 나에게 보내는 **성적 사인**이라고 생각했습니다.

방청석에 있던 저는 이 증언에 저도 모르게 웃음을 터뜨릴 뻔 했습니다.

"시원한 데 가자"며 강이나 바다에 데려가 줬다면 젊은 여성은 바닷가나 물가에서 즐겁게 행동하는 것이 안내해 준 사람에 대한 예의라고 생각합니다. 연인도 아닌데다 꽤 지위가 있는 사람이니 둘이서 나란히 걷기 어색해 일부러 거리를 두려 물가로 갔을지도 모릅니다. 그리고 물에 발을 담그려면 젖지 않도록 치마를 약간 끌어올리는 것도 당연합니다. 그것을 "성적 사인을 보냈다"고 보는 발상 자체가 이미 아저씨의 센스를 드러낸 것입니다. 젊은 여성의 눈부신 다리에 정신줄을 놓은 걸까요.

하지만 이 남성은 진심으로 그렇게 생각했던 모양입니다. 그렇지 않다면 재판에서 굳이 자기 입으로 이런 말을 하지는 않겠죠. 일반적으로 보면 '치맛자락을 올린다'는 것은 분명 '성적인 메시지'의 기호입니다. 지하철 환풍구에서 나오는 바람에 치마가 휘감겨 올라가는 마릴린 먼로의 모습은 섹스어필의 심벌로써 굉장히 유명한 장면입니다. 그러니 '치마를 끌어올리는' 포즈는 성적인 메시지라고 이 남성은 믿어 의심치 않은 것입니다.

하지만 기호는 기호, 어디까지나 이미지일 뿐입니다. 그것을 자신을 향한 성적 어필이라고 생각하는 건 상당한 망상이죠.

젊은 여성이 중년 남성을 '전혀 이성으로 의식하지 않기' 때문에 취하는 행동을 남성들이 착각하는 경우도 간혹 있습니다. 특히 여고생이나 중학교 동아리 합숙 등에서 여학생들은 지도교사나 남성 고문이 있는 앞에서 잠옷 바람으로 자거나 옷을 갈아입기도 합니다. 그녀들에게는 그 교사가 남성이 아니기 때문입니다. 그럼에도 남성 쪽은 "눈 둘 데가 없다"며 자극 받습니다. 나아가 "나를 유혹하는 건가" 하며 제멋대로 스위치가 켜지는 남성도 있습니다. 젊은 여성의 친근한 몸짓이나 순수한 행동을 그만 진심으로 받아들이고 마는 남성은 드물지 않습니다.

●●● 외로운 아저씨의 착각

남성이 성희롱의 가해자로 소송을 당해도 남성 본인은 연애라고 생각, 상대가 곤혹스러워하는지 몰랐다는 식의 사례를 접할 때마다 저는 상대 여성이 받은 피해를 동정하는 한편, 남성 측의 '착각', '망상'도 아주 조금은 안타깝다는 생각이 듭니다. '망상'에 빠진 심리도 이해되는 부분이 있기 때문입니다.

이런 사례에서 남성은 대부분 중년이고 상대는 자신의 부하나 거래처 여성 직원, 지도하고 있는 학생 등 젊은 여성입니다. 남성은 상사나 선배 사원으로서, 지도교수로서 정성껏 여성의 뒤를 봐줍니다. 젊고 일 경험도 적은 그녀들에게 일을 가르쳐 주는 지위 높은 남성은 의지할 만한 존재입니다. 자신을 존경의 눈빛으로 바라보고, 자신이 내린 지시나 충고를 열심히 따르는 여성에게 남성은 호감을 가지지 않고는 못 배깁니다.

양해를 구하고 실례되는 말씀을 드리자면, 평소에 가정에서 존재감이 희박하고 부인이나 딸에게 소외되기도 하는 중년 남성이 일 잘하는 상사, 의지할 수 있는 남성, 존경할 만한 선생님 대접을 받으니 기쁘지 않을 수 없습니다. 심지어 젊고 귀여운 여성으로부터라면 각별하겠죠. 그런 여성의 태도를 두고 "혹시 나에게 생각이 있는 건가"라고 착각하기까지 걸리는 시간은 아주 짧습니다.

아니, 그보다 중년 남성은 본인이 상황을 그렇게 만들어 놓고 스스로 인지하지 못하는 경우도 많습니다. "가족들이 아무도 내 생일을 축하해 주지 않는다"고 푸념하던 상사. 늘 도움을 받고 있는 여성은 당연히 "축하해 달라는 말이네"라고 이해합니다. 그러니 생일에 "앞으로도 멋진 부장님이 되어 주세요"라는 등의 생일 축하 카드와 함께 책상에 선물을 놔둡니다. 이에 대해 남성은 **자신이 부추겼다는 사실도 잊고** "역시 나를…"하며 마음이 들뜹니다.

망상이라고 하면 과장일지도 모르지만, 중요한 고객이니, 중요한 클라이언트이니, 하고 여성이 마음을 담아 하는 서비스를 자신에게 개인적인 호감을 가진 것으로 믿어 버리는 남성은 널려 있습니다. 단란주점, 유흥업소에서 일하는 여성이나 마담이 다정하게 대해 주면 돈을 쏟아 붓는 남성도 있다지만, 이는 물장사에만 한정된 일이 아닙니다. 상냥하게 아름다운 미소를 지으며 식사나 음료 서비스를 하는 승무원, 환자들에게 밝은 웃음으로 다정하게 대하는 간호사, 매주 집을 찾아와 친절하게 노년 남성의 식사나 청소를 도와주는 요양보호사. 그녀들에게 성희롱 피해가 빈번하게 일어나는 것은 우연이 아닙니다. 어떤 부류의 남성 고객은 상냥하고 배려 있는 여성의 서비스를 나에게 호감이 있는 것이다, 그렇다면 다가가도 된다고 제멋대로 믿어 버리고는 강제적인 행동(본인은 전혀 강제적이라고 생각하지 않습니다만)에 나섭니다.

그러한 직종이 아닌 일반 직장 여성들도 상사나 거래처 남성에게 '서비스'를 합니다. 함께 식사라도 하게 되면 즐거운 시간이 되도록 애써 사교적으로 굴고 대화를 활기차게 이어가며 '접대'를 합니다. 그런데 '나에게 마음이 있나' 하며 상대가 개인적인 호감을 갖고 있다는 듯 우쭐해 하는 남성, '여성으로부터의 대시'라고 지나치게 긍정적으로 착각하는 남성…. 그런 사례는 끝이 없습니다.

💬💬💬

휴대폰이 낳는 착각

최근의 진화된 정보 기술도 상사와 부하 직원, 파견처의 직원과 파견 직원, 교사와 학생 같은 공적인 관계를 남성 측이 제멋대로 '친밀'한 관계라고 착각하는 이유 중 하나가 되는 모양입니다.

　그 전형적인 예가 휴대폰 메시지입니다. 성희롱으로 접수된 사안에는 남성이 여성에게 매일 수십 통의 메시지를 보냈다, 매일 밤늦게 휴대폰으로 전화를 했다는 등 스토커 같은 짓을 하는 일이 드물지 않습니다. 처음에는 업무나 지도를 위한 연락으로 시작하지만, 애초에 그 여성에게 호감을 갖고 있던 남성 입장에서는 빈번한 일대일 메시지 교환을 하며 서서히 그 여성에게 마음을 쓰게 됩니다. 심지어 여성 쪽은 열심히 연락해 주는 상사나 선생이 무뚝뚝하다고 느끼지 않도록 이모티콘을 넣는 등 귀여운 메시지를 보냅니다. 젊은 여성에게 그 정도는 친구들과 주고받는 메시지에서처럼 당연한 것이지만, **중년 남성은 화려하고 귀여운 분위기에는 면역력이 없어** 특별히 친밀하게 교류하고 있다고 생각해 버립니다. 그때부터는 밤늦게라면 잘 자라, 아침에는 굿모닝, 하는 식으로 점점 정도가 더해지고, 용건도 없이 메시지를 보내고, 잘 자라는 메시지에 여성에게 답신이라도 오면 "아직 안 잤어?"하며 전화를 걸기도 합니다.

메시지나 전화는 일대일 퍼스널 커뮤니케이션이자 받아들이는 상대가 당혹해 하거나 난처해 하는 모습을 알기 어려운 일방적인 정보 수단입니다. 점점 '연인 행세'를 하는 남성에 대해 '적당히 좀 하지'라고 생각하기 시작한 여성은 전화를 안 받기도 하지만, 상대가 상사나 파견처의 담당 직원이니 아예 무시할 수는 없습니다. 남성의 기분이 상하지 않도록 적당히 상대해 주고 있을 뿐인데, '관계가 깊어졌'고 멋대로 해석하고, 만나면 당연하다는 듯 키스를 하는 상사. 이런 사례는 적지 않습니다.

'성희롱'이라는 주장에 그럴 리가, 상대도 나에게 호감을 보였다, 서로 합의한 관계이지 않았나, 하고 납득하지 못하는 남성. 그런 남성은 많든 적든 상대 여성의 태도를 착각하고 있던 건 아닐까요.

'괜찮은 사람'이라며 눈길을 주던 여성에게 남성은 '다른 뜻이 있는 게 아니'라고 스스로 변명하면서도 친근하게 말을 걸거나 술자리를 청했을 겁니다. 그런 관계에서 나쁘지 않게 반응하는 상대에게 '혹시 상대방도?'라고 생각하는 것은 안타깝게도 많은 경우 남성의 판단 착오입니다. 그녀는 상사나 동료인 남성에게 실례되지 않도록 여성스럽고 붙임성 있게 행동했을 뿐입니다. 하지만 상대 때문에 두근대기 시작했다면 판단 착오를 자각하기 어려운 법입니다.

그나마 '데이트'가 한두 번으로 끝난다면 괜찮습니다. 남성의 거듭되는 요청이 부담스러워진 여성이 "오늘은 사정이 있어서…"라고 완곡하게 거절했을 때 아, 이건 나에게 별로 마음이 없다는 거구나, 하고 바로 깨닫고 그만두면 아직은 옅은 회색 지대. 나중에 성희롱이라는 소리를 들을 일은 없겠죠.

하지만 안타깝게도 이미 설레고 있는 남성은 이쯤에서 냉정하게 판단하기 어렵습니다. 거절하는 여성에게 "망설일 필요 없다", "네 마음은 알고 있다, 해로운 짓은 안 한다"며 자기 혼자만의 생각에 빠져 상대의 기분을 무시하거나 "내일 일을 대비해 회의를 해야 한다"라는 식으로 일과 연결시켜 여성이 응하지 않을 수 없도록 만든다거나 합니다. 그렇게 되면 이미 위험한 성희롱 지대에 들어선 것입니다. 두근두근 스위치가 켜졌다면 이미 다리를 건너고 있다는 사실을 자각합시다.

●●●

나는 진지하다!

이렇게 착각에서 연애 모드로 폭주하는 남성들이 하나같이 하는 소리란 "나는 진지하다"입니다.

　연애 스위치가 켜진 남성이 당황스러운 여성은 자신은 그럴 생각이 아니라고 설명합니다. "과장님을 신뢰하지만, 사귈 생각은 없습니다", "부장님에게는 사모님이 계십니다"…. 상대는 자신의 상사, 선생이니 여성은 결례가 되지 않도록 정중하고 조심스럽게 자신의 의사를 전하려고 합니다. 하지만 남성은 납득하기는커녕 계속해서 "나는 진지하다", "너를 정말로 좋아한다"고 말합니다. 여성을 침대에 밀쳐 넘어뜨릴 때도 "나는 진심이다", "장난치는 것 아니다".

남성이 진심이든 아니든 여성에게 아닌 것은 아닌 것. 그런 쉬운 것을 왜 모르는지 여성으로서는 이해가 되지 않습니다. 하지만 생각해 보면 동서고금 어떤 시대나 사회에서도 남성에게는 '놀기' 위한 여자, 하룻밤 섹스가 있었습니다. 도덕적 판단은 차치하더라도 남성이 원하면 얼마간의 돈으로 여성과 쉽게 '놀 수 있다'는 것은 엄연한 사실. 돈이 직접 얽히지 않는다 해도, 여성을 놀이 상대와 진지한 교제 상대로 나누는 '창부/성모'의 이분법은 과거의 유물이 아닙니다.

그러니 남성은 "나는 진심이다"라며 섹스만이 목적이 아니다, 너를 가볍게 취급하는 것이 아니다, 라고 자신의 성실함을 어필합니다. 남성은 그걸로 상대 여성이 안심하고 자신과의 관계를 받아들일 거라고 생각하겠지만, 남성의 '진지함'을 액면 그대로 받아들인다 해도(실제로는 속지 않도록 조심합니다) 그 남성과의 관계를 바라지 않는 여성은 전혀 기쁠 리가 없습니다. 당연한 얘기지만 **여성에게도 선택할 권리가 있습니다.**

이런 착각은 성희롱에만 한정되지 않습니다. 상대 여성

이 싫어하고 공포심마저 느끼고 있는데, "나는 정말 그녀를 사랑한다"며 상대를 따라다니는 것을 정당화하는 스토커, 심각한 폭력을 여성에게 휘두르면서도 "너를 사랑하니까"로 당연하다는 듯 반성하지 않는 가정 폭력 남성. 성희롱과 스토킹이나 가정 폭력이라는 범죄를 똑같이 취급하는 건 말도 안 된다고 할지 모르지만, 착각하는 모양새로 보자면 마찬가지 아닐까요?

말할 것도 없이 남성이 진지하다고 그것이 여성에게 성적으로 접근할 수 있는 권리가 되는 것은 아닙니다. "나는 진심이다"라는 대사가 성희롱의 면죄부가 된다고 생각하면 큰 착각입니다.

●●●

육식계 중년

이번 장에서는 '중년 남성'이라는 말을 몇 번이고 되풀이했습니다. 중년 남성에도 다양한 사람들이 있으니 상당히 무례하게 들리겠지만, 적지 않은 중년 남성이 '인기를 얻고 싶은' 욕구를 갖고 있습니다. 여기엔 이유가 있습니다.

외모가 보통 이상으로 훌륭하거나, 부잣집 도련님이거나, 젊은 시절부터 늘 인기가 많았던 남성은 어디까지나 예외로 합시다. 의외라고 생각할지 모르지만, **남성에게 '인기 절정기'는 젊을 때보다 오히려 중년이 되고 나서**입니다. 그 나름의 인생 경험이 있고 직장에서도 업적을 쌓았기 때문에 젊은 남성에게는 없는 매력이 생깁니다. 게다가 중년이 되면 젊은이와 비교해 주머니에도 다소 여유가 생기는 법.

직설적으로 말하면, 돈과 지위를 얻은 남성들이 젊은 남자보다 자신이 남자로서 매력적이라고 생각하는 것도 결코 틀린 생각은 아닙니다.

　그런 남성들은 저도 모르게 그만 '육식계'가 되기 쉽습니다. 중년 남성 대상의 정력제 광고에서 "지금까지 쌓아 온 자신감과 경험을 지금이야말로 발휘하고 싶지만 몸이 따라주지 않는 당신에게 강력 추천"이라는 카피를 본 적이 있습니다. 성적 기능이 젊은이 수준으로 회복되기만 한다면…, 하고 바라는 남성들의 심리를 꿰뚫고 있습니다. 비아그라가 팔리는 것도 같은 이유겠죠.

　약효의 진위는 그렇다 치고, 그 정도로 **중년 남성의 인기에 대한 바람에는 '육식'에 대한 바람이 포함되곤 합니다.** 그것이 그만 무의식중에 작동하여 여성들에게 지나치게 긍정적인 착각과 망상을 품게 되는 데로 이어지는 것이 아닐까요.

　사바나 맹수의 왕 사자도 '육식계'. TV 동물 프로그램에 나오는 용맹한 사냥 장면에 저 역시 저도 모르게 빠져들지만, 사실 대부분의 시간 동안 사자는 태평스레 잠을 잡니다. 중년 남성도 인기에 물 오른 시절일수록 너무 고기를 탐하지 않는 편이 멋있습니다.

남자가 알아차리지 못하는 세 번째 이유

"진심이면 용서해 줄 것"이라고 생각하는 건 큰 착각

'남자라면 강력하게 대시해야 한다'고 생각하지는 않습니까? 분명 영업이나 교섭의 장에서 '대시'는 필요하겠죠. 하지만 이를 연애에 적용하는 것은 현실에선 금물. 성희롱뿐 아니라 스토킹이 될 지도 모릅니다. 마음은 스마트하게 전할 것, 치고 '빠지는' 타이밍이 핵심입니다. 두근거림의 스위치가 켜지면 판단력이 흐려진다는 점을 잊지 마시길!

제4장

여자는 왜
분명하게 'NO'라고
하지 않을까,
남자는 왜
여자의 거절을
눈치채지 못할까

●●●

왜 여성은 확실하게 'NO'라고
말하지 않을까

지금까지 남자는 서로 합의해서 사귀고 있다고 생각했는데 성희롱으로 고소당하는 경우와 상대방이 싫어하는 것을 모르고 성희롱을 저질러 버린 경우에 대해 살펴보았습니다. 연애라 믿었던 관계가 성희롱이 되고, 상대가 좋아하는 줄 알았는데 성희롱 취급을 받는 것은 남자에게 그야말로 악몽입니다.

"싫으면 그때 얘기하지." – 이는 연애 관계가 포함되지 않는 경우에도 성희롱으로 소송당한 남자가 자주 하는 말입니다. 나를 싫어하지 않는 눈치였는데 '교제를 강요했다'는 이유로 소송을 하거나, 서로 합의해서 호텔에 갔다고 생각했는데 '강제로 끌고 갔다'고 주장하거나. 그때 싫다고 확실하게 얘기해 주었다면 깔끔하게 포기할 수 있었는데, 그때는 가만히 있다가 나중에 고소를 하다니 '속은 것 같은 심정이다….' 이런 피해자 의식에 사로잡히는 남자도 있습니다.

그런 남자의 심정에 대해 '둔감하다', '알아차리지 못한 쪽이 나쁘다'고 질책하기 쉽지만, 몇 가지 사례를 통해 그 남자 개인의 둔감만 탓하기 어려운 사정이 배후에 있음을 알 수 있었습니다. 왜 남자들에게는 여자의 'NO'가 잘 전달되지 않는 걸까요? 왜 여자는 남자에게 알기 쉽게 'NO'라고 말하지 못하는 걸까요?

여성들이 거절함으로써 일어나는 보복을 두려워하기 때문이라는 이유가 근저에 깔려 있는 것은 말할 필요가 없겠죠. 'NO'라고 거절했다가 해고되거나 대놓고 괴롭힘 당하는 것까지는 아니더라도 미움을 사거나 어색한 사이가 되면 일하기 불편해질 수도 있고, 대학의 경우 지도를 받는 것이 어려워질 수도 있습니다. 상사나 고객, 지도교수가 나에게 나쁜 감정을 품는 것이 싫어 'NO'라고 말하기를 주저하는 것은 당연합니다.

그러나 단지 '나중에 보복을 당할 우려가 있기 때문에', '안 좋은 일을 당하고 싶지 않아서'라는 계산 때문에 여성이 'NO'라고 말하지 못하는 것은 아닙니다. 'NO'라고 말하기 어렵다는 것, 확실한 형태로 'NO'를 쉽게 말하지 못한다는 것은 보복당할 가능성을 계산하기 전에 이미 많은 여성에게 내재된 반응이기도 합니다.

제4장에서는 왜 여자들은 확실하게 'NO'라고 말하지 않는지에 대해 일본의 사회문화적 배경을 고려하면서 설명하겠습니다. 성희롱으로 고발당하지 않기 위해서뿐만 아니라 여자 아이를 키우는 부모님과 여성 교육에 종사하시는 분들에게도 도움이 될 것이라 생각합니다.

●●●

겉으로 보기엔 기뻐하는 것처럼
행동한다

여자들이 '확실하게 NO라고 말하지 못하는' 것은 동서양을 막론하고 공통적입니다. 미국의 성희롱 문제 권위자인 페미니스트 법학자 캐서린 맥키넌(Catharine MacKinnon)은 '왜 여자는 확실하게 NO라고 말하지 않는가'라는 문제에 대해 원하지 않거나 혹은 불쾌한 성적 권유와 행동에 대해 '거스르지 않는' 태도를 취하는 것만으로도 여성은 거부의 메시지를 나타내려는 경향이 있다고 지적했습니다.

"여성의 가장 일반적인 대응은 벌어진 일 전체를 무시하려고 애쓰면서도 **겉으로 보기에는** 기뻐하는 것처럼 행동해 티 나지 않게 남자의 체면을 세워 주고, 그렇게 하면 남자가 만족스러워하면서 그만하 겠지라고 기대한다는 것이다."(캐서린 맥키넌, 《Sexual Harassment of Working Women: A Case of Sex Discrimination》(Yale Fastback Series), Yale University Press, September 10, 1979. 강조는 원문.)

구체적인 상황을 통해 이 말의 뜻을 살펴봅시다.

직장 회식에서 분위기가 무르익자 한껏 기분이 좋아진 부장님이 "자네는 내가 학창 시절 남몰래 짝사랑했던 사람 과 닮았어. 다음에 나랑 데이트 한 번 할까?"라고 하면서 가까이 옵니다. 이때 여성은 어떤 반응을 보일까요? '짝사 랑 같은 소리 하네', '웃기지 마라', 이렇게 생각한다 해도 대 부분의 여성은 "됐거든요? 데이트 같은 것 안합니다!"라고 는 말하지 않습니다. 상대는 부장이고, 부장은 술자리에서 농담한 것뿐인지도 모릅니다. 그런데 '데이트 같은 것 안합 니다!'라고 말해 버리면 농담을 진담으로 받아들인 자아도 취형 여자로 평가될지도 모릅니다. 그래서 여성은 회식 자 리의 분위기를 망치지 않기 위해서라도 기분 나쁘게 받아 들여지지 않도록 조심하면서 "부장님께서 짝사랑한 분이 저 같은 사람이랑 닮았을 리가요" 이렇게 애매하게 대답하며 화제를 돌리거나 화장실에 가는 척하며 대화를 '자연스럽게' 끝내려 하겠죠. 그런 식으로 데이트 신청에 응하지 않는 것으로 '나는 당신에게 관심이 없다'는 사실을 표현하려고 할 것입니다.

또, 이런 상황도 생각할 수 있습니다.

대학 연구실에서 교수님이 나에게 책을 건넬 때 감싸듯이 손을 잡아 왔다. '어머, 이건 뭐지?' 깜짝 놀랐지만 그 자리에서 티를 내지는 않았다. 하지만 '이게 무슨 뜻이지? 내 손을 일부러 잡은 거야? 설마⋯ 그냥 우연히 스친 걸 수도 있지. 그런데 내가 손을 뿌리치면 병적인 반응이라고 생각하실 거야. 그리고 교수님이 망신을 당하시면 안 되잖아. 신경 쓰지 말자.'

이런 식으로 여성들은 그러한 언행을 무시하고, 없었던 일로 여기며, 자신이 무관심하다는 사실을 나타냄으로써 마음속에 품고 있는 'NO'를 알리려 합니다. 그러나 상대 남성 입장에서 이런 반응을 어떻게 볼까요? 남성은 틀림없이

'NO'의 메시지를 받아들이지 못했을 겁니다. 옛날에 좋아했던 사람과 닮았다며 데이트를 신청한 부장님은 자신의 데이트 신청에 여성의 태도가 애매했고, 'OK'를 한 것은 아니지만 미소를 띠면서 답했기 때문에 싫어하는 것 같지는 않다, 다음에 둘만 있는 자리를 만들어 조금 더 다가가 보자, 이렇게 생각했을 수도 있습니다. 손을 잡은 교수의 경우에는 자신이 넌지시 잡은 손을 그녀가 받아주었다, 그녀도 싫지 않은 모양이구나, 그럼 다음에는…, 이런 식으로 한 걸음 더 나아간 계획을 세울 것입니다.

●●●

'NO'라고 말하기 어려운 성희롱

신체 접촉을 수반한 성희롱의 '단골' 중 하나가 "내가 마사지해 줄게"라고 말하며 여성의 몸을 만지는 것입니다. 질이 안 좋은 상사가 "수고했어"라고 노고를 치하하며 여직원의 몸을 만진다는 흔히 있을 법한 패턴입니다. 특히 스포츠계의 지도자와 코치가 여자 선수에게 하는 마사지 중에는 심각한 피해를 낳은 경우가 매우 많습니다.

이 마사지의 이름을 빌린 성희롱이 일어나는 경위를 살펴보면, 왜 여성이 쉽게 'NO'라고 말하지 못하는지 잘 알 수 있습니다.

특히 스포츠계의 코치와 선수 같은 관계에서는 성별에 상관없이 선수의 몸 관리가 코치의 업무입니다. 그래서 코치와 감독이 "마사지해 줄까?"라고 했을 때, '지금까지 해 준 적이 없는데 왜 이러지?'라고 의아하게 느껴도, 여자 선수가 "됐습니다"라고 쉽게 말하지 못할 것입니다. 그런 경우 보통 "오늘 시합이 힘들었는데 피곤하지?" 아니면 "내일 시합은 힘들 거야"라며 마사지가 필요한 이유에 대해 설명합니다.

그렇다 보니 선수는 불안감이나 의심스러운 감정을 표현하지 않고 코치에게 마사지를 받습니다. '마사지니까 얇게 입거나 직접 몸을 만지는 일도 당연한 거겠지?'라고 생각하면서도 처음에는 어깨와 다리를 마사지했던 코치의 손이 점점 가슴이나 허벅지로 내려오면 '뭔가 이상한데', '되게 싫은…', '이런 데까지 왜?' 이런 식으로 점점 불안감이 고조됩니다. 그래도 여자 선수는 자신의 성적을 올리기 위해 코치가 마사지해 주는 거라 생각해 '이건 그냥 마사지야, 의심하면 안 되지'라고 코치에게 의심을 품은 자신을 오히려 질책하기도 합니다. 그리고 한 번 마사지를 받으면 다음번에는 거절하는 것이 부자연스럽게 느껴지면서 이러한 일이 여러 번 되풀이됩니다. 코치와 선수 간의 밀접한 관계 때문에 여자 선수는 "뭔가 이상해요"라고 제삼자에게 쉽게 상담할 수 없어 깊은 고민에 빠지게 되죠.

한편, 코치의 행위는 99%가 의도적입니다. 서서히 민감한 부위에 손을 뻗는 것에 짜릿함을 느낍니다. 선수가 소리를 지르지 않는 것을 확인하면 더욱더 만지는 부위를 늘려갑니다. 그렇게 해서 코치는 여러 번 마사지를 했는데도, 또 단계적으로 만지는 강도를 올렸는데도 아무 말을 하지 않았기 때문에 여자 선수가 'OK 사인을 준 것'이라고 제멋대로 생각하는 것입니다. 여자 선수가 심한 고통을 느끼고 있다고는 상상도 못할 겁니다.

이렇게 가슴과 허벅지를 거듭 만지는 행위, 객관적으로 보면 그런 괘씸한 행위에 대해 왜 일찍 항의하지 않았는지 의아하게 생각할지도 모르지만, 피해자의 입장에서는 '성추행인지 아닌지 확실하게 **알 수 없어서** 아무 말도 하지 못했다'는 일이 흔히 일어납니다. 돈독한 관계라 신뢰하고 있었고, '이 사람이 나에게 상처를 줄 리 없다'는 생각과 감정들이 여성으로 하여금 자신이 입고 있는 피해를 스스로 부인하게 만들어 'NO라고 말할 수 없는' 상태가 계속되는 거죠. 심각한 성추행 사건이 친한 관계나 신뢰하는 사람 사이에서 자주 일어나는 것은 이런 이유 때문입니다.

　이는 스포츠계의 코치와 선수만이 아닌, 회사에서도 일어나는 일입니다. "피곤하지?" 하면서 다가와 어깨를 주무르기 시작하는 상사. 여성 부하 직원은 '이게 뭐지?'하며 당황스러우면서도 그런 눈으로 상사를 보는 것을 미안하게 생각해 이를 받아들입니다. 하지만 상대 여성이 싫다는 표시를 하지 않는다고 해서 남성이 내 몸을 만지는 행위를 받아들이고 있다고 생각하는 것은 큰 잘못입니다. 남성이 진정 위로할 마음을 갖고 있다 해도 여성의 속내는 좋아하지도 않는 남자가 직장에서 내 몸을 만지는 일은 절대로 피하고 싶은 법입니다. 여성이 부탁할 정도로 마사지를 잘 하는 것이 아니라면 하지 않는 것이 안전합니다.

●●●

성적 메시지를 모른 척하고 싶다

성적인 맥락에서 여성이 'NO'라고 말하지 못하는 것은, 실은 저 자신을 포함해 성폭력이나 젠더 문제 전문가이고 또그 문제에 대해 이야기하는 것이 업무의 일부인 사람이라도 마찬가지입니다.

한 여성 연구자가 자신이 당한 성희롱 체험을 다음과 같이 썼는데, 그 글을 읽어 보면 전문가라 해도 'NO'라고 말하기가 얼마나 어려운지 잘 알 수 있습니다.

'친목 모임의 술자리에서 남자의 성기 모양처럼 담아 놓은 음식을 먹으라고 강요당했을 때(말하자면 상징적인 펠라티오를 할 것을 강요당했을 때)' 거절하려면 거절할 수 있었지만, 문제를 일으키는 것은 어른스럽지 않다는 생각에서, 그리고 나에게는 거절할 자격이 없다는 비굴한 감정에 (중략), 필자는 하라는 대로 했다. 술자리니까 어쩔 수 없다고 생각했는데도 모욕을 당했다는 생각과 남자의 성기를 모방한 음식을 보았을 때 느낀 공포감이 오래 갔고, 또 이 사건에 대해 아무에게도 이야기할 수가 없었다.(다나카 기미에, '성의 상품화—성의 자기결정이란', 《이와나미 강좌 철학12: 성／사랑의 철학》, 이와나미서점, 2009, 182쪽.)

이 경험을 몇 살 때쯤 했는지, 그때 어떤 입장이었는지에 대한 기술은 없지만, 연구자로서 자신의 의견을 밝히는 일을 직업으로 삼고 있는데도 'NO'라고 말하지 못해 나중에 '굴욕'을 느낀 겁니다. 직접적인 표현은 없었지만, '성희롱을 당했다'고 생각한 겁니다. 거기에는 '문제를 일으키고 싶지 않다', '상대방과 갈등을 만들고 싶지 않다'는 것뿐 아니라 음식을 담아 놓은 모양이 '남자의 성기를 모방한 것'을 모르는 척하면서 '상징적인 펠라티오'를 했고, 그 행위를 강요당했다는 것을 부인하고 싶은 마음도 있었을 것입니다.

여성이 불만을 이야기하거나 투덜대면 볼록하게 담아 놓은 음식의 '성적인 의미'를 눈치챘다는 걸 스스로 폭로하는 꼴이 되기 때문에 그것만으로도 이미 그 '놀이'를 기획한 남자들에게는 '성공'입니다. "어, 그런 식으로 보는구나, 역시 경험자야!"라는 등으로 그들의 놀림감이 되었을지도 모릅니다. 대놓고 푸념하지 않았어도 부끄럽다는 표정을 짓고 있거나 불쾌한 표정을 지은 것만으로도 여성이 '성적인 의미를 알아챘다'는 것이 되기 때문에 그것으로 '놀이'는 충분히 성공한 것입니다. 더구나 불평하고 거절하면 '괜히 오버한다', '분위기를 망친다', '융통성이 없다'는 등의 낙인이 찍힙니다. 그래서 그런 상황에 놓이면 성적인 의미를 전혀 알아채지 못한 척하면서 태연히 먹는 것이 여성에게는 최고의 자기방어라고도 할 수 있습니다.

이렇게 여성은 불쾌한 시선과 당황스러운 자리에서 '모르는 척'과 '무시'를 하며 그 상황을 넘기려 합니다. 하지만 그 굴욕으로 마음에 깊은 상처를 입고, 기억은 쉽게 사라지지 않습니다. 그래서 나중에 기회가 오면 그 일은 성희롱이었다고 소송을 하게 되는 것입니다(이 사례에서는 나중에 했다고는 쓰여 있지 않았습니다만). 그 자리에서 'NO'라고 말하지 않았으면서 나중에 이야기하는 것은 비겁하다고 보는 시각이 정당하지 않다는 것을 이 사례를 통해 알 수 있습니다.

💬💬💬

사태를 잘 수습하고 싶다

여성이 'NO'라고 말하지 않는 것은 상대 남성을 배려하기 때문이기도 합니다. 몸을 만지거나 껴안는 행위를 되풀이한 남성 상사에 대해 여성이 성추행으로 고발한 어느 사건에서 법원은 여성이 확실히 거부하지 않은 것은 부자연스럽고 믿기 어렵다는 이유로 강제 추행이라는 여성의 주장을 받아들이지 않았습니다(1995년 3월 24일 요코하마 지법. 판례시보 1539호 111쪽).

원고 여성의 주장에 따르면, 둘만 일하는 직장에서 남성 상사는 그녀에게 접근해 조금씩 스킨십을 하다가 점점 심해지더니 강제로 키스하고, 몸을 안고 집요하게 만지는 등의 행위를 했습니다. 이 여성은 "이러지 마세요", "점심시간이 끝나 가요"라는 식의 말로 그만두게끔 여러 가지 시도를 했는데, 오히려 남성 상사는 "아~ 기분 좋았어"라고 말하는 등 반성의 기미를 전혀 보이지 않았습니다. 이 여성이 나중에 본사 사장에게 피해 사실을 알려 그 남자 상사가 질책을 받게 되었는데, 이 남성이 그 일에 원한을 품고 이 여성을 퇴직으로 몰아가 여성이 소송을 결심한 것입니다.

이 재판에서 법원은 여성이 말한 피해 내용이 진실이라면 더 저항했을 것이고, '소리를 잘못 질렀다가는 오히려 부장님을 더 흥분시킬 테니 안하는 게 낫다'고 생각해 살살 달랬다고 말하는 등 지나치게 이성적이고 침착한 이 여성의 태도를 납득하기 어렵다며 소를 기각했습니다.

그러나 항소심(1997년 11월 20일 도쿄고등법원, 노동판례 728호 12쪽)은 전혀 다른 해석을 바탕으로 1심을 뒤집고 원고 승소 판결을 내렸습니다. 항소심에서는 미국의 강간 피해자 대처 행동에 관한 연구를 증거로 채택해 원고 여성의 대응은 충분히 납득할 수 있는 것이라고 결론지었습니다. 강간과 같은 피해를 입은 여성 중 도망치거나 직접적으로 저항할 수 있었던 사람은 극히 일부에 지나지 않으며, 신체적·심리적 마비 상태에 빠지거나 심지어는 가해자를 진정시키는 방법에 대해 궁리하고 가해자의 마음을 돌리기 위해 설득하려 한 사람도 적지 않았다고 합니다. 특히 가해자가 직장 동료였을 경우 우호적인 관계를 유지하려 노력하는 경우도 있었습니다. 실제로 이 사례에서는 원고 여성이 피고인에 대해 존경의 마음과 감사함을 느끼고 있었기 때문에 피고인을 야멸차게 뿌리치지 못했다고 증언했습니다. 이렇듯 여성이 'NO'라고 말하지 않고 저항하지 않는 것은 상대를 배려해 일을 크게 만들지 않고 잘 수습하려는 필사적인 노력의 증거이기도 합니다. 그러니 'NO라고 말하지 않는 것은 부자연스럽다', '처음부터 'NO'라고 말하지 않는 쪽이 나쁘다'고 단정 짓는 것은 현실을 완전히 무시한 궤변이라고밖에 할 수 없습니다.

한편, 안타깝게도 바로 이 사례가 그랬듯이 아무리 여성이 '이렇게 하면 그만두겠지', '잘 달래면 마음을 돌리겠지' 등의 배려를 해도 그 마음은 대부분 상대에게 전달되지 않습니다.

●●●

몸에 밴 서비스 정신
– 여자에게 'NO'는 없다

이처럼 여성이 'NO'라고 말하지 않는 배려심이 상대를 그만두게 만들기는커녕 사태를 악화시키는 일이 많다면, 여성도 그 사람을 배려하지 말고 용기를 내 'NO'라고 말해 확실히 저항해야 하는 건 아닌가라고 생각하게 됩니다.

그러나 그것은 그리 간단한 일이 아닙니다. '대쪽 같다'는 표현이 결코 칭찬의 말이 아닌 일본의 문화. '화합'이나 '협조'가 중시되는 것은 21세기의 IT시대인 지금도 마찬가지입니다. 'KY', 즉 KUUKI O YOMU(空気を読む, 공기를 읽다, 즉 분위기 파악을 하다. – 옮긴이)라는 젊은이들이 자주 쓰는 말까지 정착되어 있습니다. 그런 문화에서는 남성과 여성

모두 대립을 피하고, 하고 싶은 말도 하지 않은 채 상대에게 비위를 맞추는 것이 상식처럼 되어 버렸습니다. 상대방이 상사나 고객인 경우엔 더욱 그렇습니다.

이는 남녀가 마찬가지이지만, 특히 여성은 어릴 때부터 부모님에게 '순수함과 상냥함'이 중요하다고 배워 왔습니다. 그러한 교육을 통해 상대방에 대한 배려와 정서적 배려, 그리고 상대방 뜻에 따르는 수동적 태도를 익혀 가는 것입니다.

또한 원래 일본 여성은 확실하게 'NO'의 뜻을 전달하는 말을 가지고 있지 않습니다. 이렇게 말하면 쉽게 이해되지 않을지도 모릅니다. 마음이 약해 확실하게 거절할 수 없는 여성이 있을지도 모르지만, 여성에게는 'NO'의 뜻을 전달하는 말이 없다는 건 도대체 어떤 의미일까요.

예를 들어 전철 안에서 성추행을 당한 여성이 어떤 말을 할지 생각해 보십시오. 현실적으로는 불쾌감을 억누르고 그냥 몸을 피해 빠져나오려는 여성이 다수겠지만, 소리를 낼 수 있다고 해도 연약한 목소리로 '하지 마세요', '그만해요'라고 말하는 것이 고작일 겁니다. 그러나 '하지 마세요'

는 결코 'NO', '그만해!'가 아닙니다. 명령이 아니라 의뢰, 혹은 예의 바른 부탁입니다. 작고 귀여운 목소리로 그런 '여성스러운' 반응을 보이면, 치한은 당황해 손을 치우기는 커녕 오히려 기뻐할지도 모릅니다.

만약 남자가 이와 같은 피해를 입었다면 '그만해!'라고 소리 지를 수 있겠지만, 여성은 그럴 수 없습니다. 여성이 전철 안에서 '그만해!'라고 위협적인 목소리로 화를 내면, 주위 사람들은 여성을 동정하기보다 비상식적인 여자 취급을 하기 일쑤입니다.

여기서 알 수 있는 것은 평소에는 의식하지 못하고 있는 젠더에 의한 언어의 속박입니다. 일본어의 경우 여성은 단정과 단언의 말을 쓰지 않습니다. 여성은 대화할 때, 늘 '~일지도 모른다'는 식으로 어미를 흐리고 상대방의 의도를 살피면서 자주 맞장구치는 커뮤니케이션을 하려 합니다. 상대방에게 뭔가를 요구하거나 금지하는 경우에서조차 여성의 말이 직설적인 명령의 형태를 취하는 일은 거의 없습니다. 굳이 있다면, 강아지에게 '손!', '엎드려!' 라고 할 때뿐입니다. 아이에게도 아버지는 '공부해라!'고 말하지만, 어머니의 경우 '공부해야지', '안하면 어떻게 하니'라고 말할 정도니까요.

　그런 여성이 불쾌하고 본의 아닌 성적 접근을 당하거나 성희롱, 혹은 성추행을 당했을 때에는 확실히 'NO'의 뜻을 전달할 말이 없습니다. 보복을 당하지는 않을까 불안해하기 전에 당황이나 두려움, 혹은 상대방에 대한 배려 때문에 여성이 'NO'라고 말하지 못한다는 것을 지금까지 자세히 설명했지만, 그 진짜 이유가 여성에게는 처음부터 'NO'의 뜻을 전할 말이 없어서라고 하니 정말 비극적인 일이 아닐 수 없습니다.

　그러나 말과 표현은 변화하는 것입니다. 여성이 쓰는 일본어에 'NO'가 없는 것은 여성이 놓인 사회적 환경을 반영합니다. 하지만 역사를 거슬러 올라가면 계층과 장소에 따라 남녀의 말에 그렇게 많은 성별 차이가 없던 때도 있습니다. 요즘의 감각으로 보면 더 거칠고 험한 말을 여성이 쓴 적도 있습니다. 지금도 어떤 지역에서는 자신을 '오레(俺, 주로 남자가 같은 또래나 아랫사람에게 쓰는 1인칭. 나. -옮긴이)'라고 칭하는 할머니도 계십니다.

따라서 앞으로 여성들이 자신의 의사를 더 확실히 표현할 수 있는 환경이 만들어진다면 새로운 말이 등장할 것입니다. 실제로 중학생 정도의 여자아이들은 자신을 '보쿠(僕, 남자가 동등하거나 손아래 상대에 대해 쓰는 허물없는 말, 1인칭. 나.-옮긴이)'라고 칭하거나, 남자보다 거친 말을 쓰는 경우가 있습니다. 대부분의 경우 그런 말투는 심한 꾸지람을 듣고 '성인 여성'으로 성장함에 따라 자취를 감추게 됩니다만.

언뜻 거칠게 느껴지는 말투는 여자아이 입장에서는 여성스러움의 틀에 갇히지 않고 자신의 의사를 확실히 전달하기 위한 긍정적인 도전이라고 할 수 있습니다. 그것이 많은 여성에게 확산되어 여성이 확실하게 'NO'라고 말할 수 있게 된다면, 그것은 여성뿐만 아니라 '왜 처음부터 'NO'라고 말해 주지 않았을까'라고 생각하는 남성들에게도 바람직한 일이라고 할 수 있겠죠.

그렇지만 그렇게 되기까지는 시간이 많이 걸릴 것 같습니다. 당분간은 여성과 남성 모두 여성이 'NO'라고 말할 수 없는 사회구조와 사정에 대해 충분히 이해하고, 'NO'라고 말할 수 있는 환경을 위해 노력해야 할 것입니다. 특히 남성에게는 여성이 성희롱을 당했다고 나중에 말하지 않도록 확실한 'Yes'가 아닌 **애매한 침묵은 'OK' 사인이 아니라 'NO' 사인**이라는 것을 이해하는 사고력을 키울 것을 부탁드립니다.

남자가 여자의 'NO'에 둔감한 이유
─ 빌트인

지금까지 여성이 쉽게 'NO'라고 말할 수 없는 이유에 대해 자세히 살펴보았습니다. "성희롱 누명을 쓰면 큰일이지!" 이렇게 생각하는 남성 입장에서 보면 "여성이 더 확실하게 'NO'라고 말해 줬으면 하는데…"라고 생각하는 건 당연합니다. 한편 일부에 불과할지 모르지만, 남성은 여성들이 느끼는 불쾌감이나 싫어하는 마음에 너무나 둔감한 것도 사실입니다.

 이 일을 확실하게 보여준 사건이 있었습니다. 효고현(兵庫県) 경찰에서 일하던 경사가 파출소와 순찰차 안에서 같은 파출소에 근무하는 젊은 여자 경찰관의 엉덩이와 허벅지를 6개월 동안이나 거듭(보도에 따르면 10번 이상이나!) 만졌다고 합니다. 6개월이 지났을 때 드디어 이 여성 경찰관은 "더 이상 참을 수 없다"는 생각에 동료와 상담했고, 이 사실이 알려졌습니다(〈아사히신문〉 2012년 6월 8일, 〈고베신문(神戸新聞)〉 2012년 6월 8일).

그러나 이 52세의 경사는 "허벅지의 촉감이 너무 좋았고, 또 아무 말이 없어서 계속 만졌다"고 진술했다고 합니다.

정말 기가 막히는 발언이 아닐 수 없습니다. 경찰관이, 그것도 순찰차와 파출소 안에서 성추행을 저질렀다니 어이없고 기가 막히는 사건이었지만, 혹시 남성들 중에는 타이트한 제복 스커트 아래 드러난 하얀 허벅지를 보고 순간적으로 무언가에 홀린 거라며 "그 마음이 이해되지 않는 건 아니지"라고 생각하는 분도 있을 것 같습니다.

상대방의 마음에 둔감했기 때문에 더 악질적인 범죄로 발전한 유명한 사건이 있습니다. 고 요코야마 노크(横山ノック, 유명 개그맨 – 옮긴이) 씨가 오사카부(大阪府) 지사 시절 선거 운동원 여성을 강제 성추행해 징역 1년 6개월(집행유예 3년)의 유죄 판결을 받은 사건입니다(2008년 8월 10일 오사카

지법). 이 사건이 알려진 당시에는 '지사의 성희롱'으로 신문과 TV에 크게 보도되었습니다. 이 사건은 승합차 안에서 여성 운동원의 바지 속에 손을 넣어 성추행한 사건이었는데, 노크 씨는 재판에서 "여성 운동원이 그다지 싫어하는 내색을 하지 않아서"라고 증언했습니다. "좋아했을 리가 없잖아!"라고 지적하고 싶지만, 노크 씨 자신은 위에서 언급한 경사와 마찬가지로 "아무 말이 없어 계속 만졌다" 정도의 마음이 아니었을까요(이 여성은 갑작스러운 일이 자신에게 닥쳐 충격을 받았고, 보복이 두려워 그 자리에서는 소리를 지를 수 없었다고 증언했습니다).

남자가 왜 이렇게까지 둔감한지 이해하기 힘든 부분이지만, 위에서 소개한 맥키넌은 "일반적으로 남성 가해자는 피해자가 성적인 일을 폭력으로 받아들이는 것을 이해하지 못한다. 그들이 성희롱을 계속하면서 태연할 수 있는 것은 어느 정도 그런 이유 때문임이 틀림없다"고 언급했습니다. 즉, 피해를 입은 여성 쪽이 매우 불쾌하고 고통을 느낀다 할지라도 피해를 주는 남자 쪽은 그 행위를 그다지 심한 일이라 생각하지 않습니다. 어떤 의미에서는 성추행을 하는 쪽에는 '악의'가 없습니다. 성추행을 하는 남자는 성추행에 대한 여성의 노여움, 분개하는 태도에 놀라지만, 그 당혹은 가장한 것이 아닙니다. 말하자면 그것은 '성적 접촉이 상대방에게 불쾌감을 준다는 것을 가해자가 알고 있다'는 것을 증명하기 어렵다는 것을 말해 줍니다(맥키넌, 앞의 책, 255쪽).

그러나 그들도 상대방이 젊은 여성 경찰이나 아르바이트 여대생이 아니라 경찰서장이나 선거운동 후원회장의 딸이었다면 그런 짓을 하지 않았을 것입니다. 아무리 둔감한 남자라 할지라도 손아래 젊은 여성이 아닌 여성 상사나 사장 부인에 대해서는 허벅지를 만지기는커녕, 상대방의 감정을 잘 헤아립니다. 둔감할 수 있는 것은 상대방 여성을 업신여기는 마음이 있기 때문입니다.

이렇게 생각하면, 어느 정도의 연령대와 지위에 있는 남성들에게는 둔감함이 구조적으로 빌트인(built-in)되어 있다, 즉 내장돼 있다고 해도 과언이 아닙니다. 혹시라도 성추행 범죄자가 되고 싶지 않으면 이런 사실을 잘 알고 있어야 할 겁니다.

●●●

강요하고 있다는 것을 자각하지 못한다

남성에게 구조적으로 내장돼 있는 둔감함에 대해 다른 관점에서 조금 더 설명하겠습니다.

성희롱과 성추행 문제를 연구하는 심리학자인 구보타 유키(窪田由紀) 씨는 남에게 자신의 말을 듣게 하는 '권력'의 자원은 보수(報酬) 세력, 강제 세력, 정당(正當) 세력, 관계 세력으로 나눌 수 있다고 설명했습니다(구보타 유키, 〈성희롱의 배경 – 사회적 세력의 개념을 통한 '역학관계'의 분석〉,《큐슈국제대학 교양연구》, 제 6권 1호, 1999년). 보수 세력과 강제 세력은, '내 말을 잘 들으면 보수를 제공한다, 듣지 않으면 벌을 준다'는 식의 비교적 쉽게 이해할 수 있는 경우입니다. "나랑 사귀면 계약 기간을 연장해 주겠다", "오늘 하룻밤을 같이

하지 않으면 다음 계약은 없다"는 등의 패턴입니다. 이러한 상사나 파견 근무처 등의 힘을 이용하는 비겁한 수법이 성희롱 혹은 성추행임에는 의심의 여지가 없겠지요. 그래서 성추행으로 고발당한 남성의 대부분은 "나는 그런 비겁한 협박을 한 적이 없다, 그러니 내가 한 일은 성추행이 아니다"라고 생각하는 것입니다.

보수 세력과 강제 세력이 행사하는 수법은 성추행으로 쉽게 이해되지만, 특히 연애와 관련된 성추행의 경우 이러한 힘을 행사하는 경우는 거의 없습니다. 그 이유는 상사와 여성 부하 직원 사이, 파견한 회사 직원과 파견된 직원 사이, 지도교수와 학생 사이처럼 역학 관계가 있는 곳에서는 **대놓고 협박할 필요가 없기 때문입니다.** 협박은커녕 매우 평범하게 데이트를 신청하거나 조심스럽게 다가갔다 할지라도 '거절하면 다음 계약이 없을 수도 있다', '말을 듣지 않으면 지도를 못 받게 될지도 모른다', 이렇게 상대 여성이 걱정하고 해석해서 **스스로 이를 받아들여 주는 것입니다.** 그것이 남성에게는 여성 쪽의 '자발적'인 '합의'로 보이는 것입니다.

이 해석은 여성 쪽의 '자의적 해석'이긴 합니다. 남성 쪽은 자신의 지위가 가진 힘을 행사할 마음이 전혀 없는 양심적인 남성일지도 모릅니다. '한 번 말해 보고, 거절당하면 어쩔 수 없지', '나는 보복 같은 건 절대 안 해'. 이렇게 생각하는 남자 입장에서는 상대방 여성이 '만약 거절하면 압력을 행사해 올지도 몰라, 그러니 싫지만 거부할 수는 없어.' 이렇게 생각하여 자신의 데이트 신청에 응했다고는 상상도 못 할지 모릅니다. 여성의 이런 배려는 오히려 기분만 나쁘다고 생각할 수도 있습니다. 그런 식으로 자신을 오해하여 나중에 '그 때의 일은 성추행이었다'는 말을 들어선 안 되니까요.

그러나 과연 그렇게 자신 있게 말할 수 있을까요? 남성의 유혹을 여성이 단호하게 거부했을 때 나중에 불편한 관계가 되지 않는다고 단언할 수 있나요? 여성은 특별한 관계가 되기를 거부했을 뿐인데, 자존심이 상하고 체면을 구긴 것 같아 화가 난 적은 없습니까? 거절당하는 것은 기분좋은 일이 아니기 때문에 계약 기간이 만료되었을 때, 그 기회를 이용해 그 여직원의 계약을 갱신하지 말까 하는 생각을 절대로 하지 않겠다고 장담할 수 있을까요?

그럴 가능성이 없지 않기 때문에 힘이 약한 여성들은 힘이 있는 쪽에게 스스로 맞춰 주며 상대방 뜻에 따르려고 하는 것입니다. 힘이란, 가지고 있는 쪽은 그것을 잘 모르기 마련입니다. 자신의 힘을 과시해 그 힘을 행사하는 사람은 상당한 권력자가 아니면 만화 《도라에몽》에 나오는 퉁퉁이 같은 아이뿐입니다.

●●●

존경에서 시작된다

방금 제가 보수나 징벌에 관한 이야기를 꺼내지 않아도 여성이 스스로 맞춰 준다고 적었습니다만, 물론 아무것도 없는 곳에서 그런 힘이 작용하지는 않습니다. 그렇게 따라줄 때는 그 배후에 미묘한 힘이 작용하고 있기 때문입니다. 그것이 전문 세력·정당 세력·관계 세력이라고 불리는 것인데, 이들은 상호 관계성의 깊이에 맞춰 작용합니다. 전문 세력이란 상대방이 가진 전문성으로 인해 그 사람의 말을 듣는 것이 당연하다고 믿게 만드는 힘을 말합니다. 정당 세력이란 상대방이 자신에게 행동을 지시할 정당성을 갖고 있다고 느껴질 때 작용하는 힘인데, 예를 들면 선후배 사이, 남녀 사이에서 작용합니다. 그리고 관계 세력이란 상대방에게 동경이나 존경, 호감, 애정을 느낄 때 작용하는 힘입니다.

　직장에서 나름의 지위에 있는 중장년층 남성은 보통 이러한 힘을 보유하고 있습니다. 젊은 여성 직원 입장에서는 업무 능력이 뛰어나고 기댈 수 있는 상사겠지요. 상사의 말을 따르는 것은 당연한 일이며, 만약 이해하기 어려운 지시가 있어도 "지시를 따라야겠지?"라고 생각합니다. 특히 대학원 등에서는 그 교수의 책을 읽고 감동해 꼭 이 교수 밑에서 공부하고 싶다고 생각해 입학하는 경우도 흔히 있습니다. 그런 학생을 교수 말에 따르게 하는 것은 아주 쉬운 일입니다. 위에서 언급한 구보타 씨에 따르면, 이러한 힘은 대놓고 보수와 징벌에 관한 이야기를 꺼내 말을 듣게 하는 것보다 훨씬 강력합니다. 상대방을 신뢰하는 마음, 존경하는 마음이 '자연스럽게' 상대방의 말을 듣는 태도를 만드니까요.

　남성 쪽은 자신에게 이런 힘이 있다는 것을 잘 인식하지 못합니다. 그 이유는 여성 신입 사원, 입학한지 얼마 되지 않는 여학생 입장에서는 그 남성이 뛰어난 수완가나 우수한 학자로 보일지도 모르지만, 객관적으로 보면 그 남성은 촌스러운 아저씨까지는 아니더라도 일반적인 샐러리맨 혹은 교수에 불과하기 때문입니다. 평소에는 사장님이나 거래처에 머리를 조아리고, 가정에서는 그다지 존재감도 없습니다. 그런 자신이 상대방이 싫은 일이라도 무조건 따르게 만드는 힘을 가지고 있다고는 생각하지 못합니다(오히려 '나에겐 그런 힘이 있다'고 평소 생각하는 사람은 사회인의 자격이 없는 자아도취형 인간입니다). 더군다나 젊고 예쁜 여성이 자신에 대해 그렇게 생각해 준다고는 미처 상상도 못합니다. 여기에서 합의를 둘러싼 착오가 생깁니다.

구체적인 장면을 생각해 봅시다.

D양과 과장은 과 프로젝트 성공을 위해 6개월 동안 열심히 노력했습니다. 처음에는 실수가 잦았던 D양. 하지만 과장이 교육을 잘해서 요즘에는 훌륭하게 거래처와 협상을 합니다. 고생스런 프로젝트를 진행하면서 술자리도 자주 갔다 보니 화기애애한 분위기도 생겼습니다. 과장은 소극적인 면은 있으나 눈이 크고 애교가 많은 D양에게 호감

을 갖고 있습니다. 지난주에는 술에 취한 D양의 어깨를 잡아 그녀의 아파트까지 바래다주었습니다. 그때 과장은 왠지 모르게 '좋은 분위기'를 느꼈습니다.

D양과 함께 간 출장에서 협상이 성공한 날 저녁, 두 사람은 성취감으로 가득 차 있었습니다. D양은 과장의 수완에 칭찬을 아끼지 않았습니다. 그 말에 기분이 좋았던 과장은 'D양도 나에게 호감이 있었구나'라고 생각했습니다. 그래서 과장은 D양을 꼬셔보기로 했습니다. "내 방에서 2차 안 할래?"라고. 과장은 주저하지 않고 따라온 D양이 방에 들어오자마자 끌어안고 침대로….

여러분 어떻습니까?

6개월 동안 친하게 지내 온 과장과 D양. D양은 그날 밤, 유난히 친근하게 대했습니다. 자신의 방으로 오라고 했을 때도 그 말을 따라 D양은 제 발로 찾아갔습니다. 그래서 당연히 D양과 잠자리를 가진 것입니다.

그러나 D양은 그날 밤에 일어난 일에 대해 과장님의 방으로 불려가 성관계를 강요받았다며 성추행으로 고소했습니다. "말도 안 되는 소리 마라!"

과장 입장에서 보면 이런 스토리였을지도 모르지만, D양 입장에서 보면 과장이 자신에게 느꼈던 '좋은 분위기'는 업무 능력이 뛰어난 상사에 대한 존경이었고, 상사의 비위를 거스르고 싶지 않았던 부하로서의 '아부'였습니다. D양이 회식에 불참할 때면 "팀워크가 중요하니까 다음엔 꼭 참석하라"고 말해 왔던 과장님. 그래서 D양은 과장의 비위를 맞추기 위해 늘 큰 부담을 느꼈습니다. 출장지에서 협상에 성공해 D양은 정말 기뻤지만, 그것은 회사를 위해서뿐만 아니라, 과장의 기분이 상하지 않게 되어 다행이었기 때문이기도 했습니다. 그래서 그날 밤에도 D양은 과장을 열심히 치켜세웠던 것입니다. 또, 과장은 "내 방으로 올래?"라고 말했을 때 "내일 업무 스케줄을 맞춰 봐야 한다"고 말했습니다. D양은 방으로 가는 것을 망설였지만, 업무를 위해서라면 갈 수밖에 없었습니다. 그런데 방으로 들어가자마자 키스를 하고 침대로 넘어뜨리다니, D양 입장에서 보면 거의 강간이었습니다. 그러나 D양은 소리를 지르며 도망갈 용기가 없었습니다. 그렇게 하면 자존심이 센 과장이

'수모를 당했다'며 자신을 괴롭힐 거라 생각했기 때문입니다. 하지만 큰 충격을 받아 이대로 넘어갈 수는 없었던 겁니다.

이처럼 남성이 느낀 여성의 호감, 동의는 남성과의 역학 관계 속에서 생긴 것입니다. 상사니까, 업무상의 관계가 중요하니까, 그래서 따른 것입니다. 그것을 남성은 '남녀'의 관계로 쉽게 착각하는 것 같습니다. 자신이 가진 정당 세력·전문 세력·관계 세력 덕에 여성이 자신에게 맞춰 주고 있다고는 상상도 할 수 없는 것입니다. 이런 생각을 갖고 있으니 역시 남성은 둔감하다고 말하지 않을 수 없습니다. 그 둔감함이 성추행의 원흉이 됩니다.

저는 앞에서 '지위와 힘이 있는 남성'이라고 썼습니다. 덧붙이자면, '나는 그렇게 높은 지위에 있는 것은 아니니까 상관없다'고 생각하신다면 오산입니다. 힘이란 상대적인 것입니다. 같은 평사원이라 할지라도 여성 평사원보다 직장에서 힘이 있는 경우가 많고, 더구나 파견 직원이나 계약직 직원 입장에서 보면 상당한 파워라고 할 수 있습니다.

회사라는 조직에서 평범하게 일하고 있는 한, 이러한 세력과 전혀 관계없는 남성은 없다고 생각해 두는 게 좋습니다.

상사와 교수가 자신에게 호감을 갖고 있고, 개인적인 식사 제의를 받는 것은 여성의 입장에서 반가운 일입니다. 의지하고 존경하는 남성과 일대일로 친하게 대화하는 것은 기쁜 일이고 열심히 아부도 할 것입니다. 중년 남성 입장에서도 좋은 기분 전환이 될 테지요. 하지만 그것을 개인적인 호감이나 상대방이 자신을 남자로써 좋아하는 것으로 생각해선 안 됩니다. 착각은 금물입니다.

남자가 알아차리지 못하는 네 번째 이유

여자는 속으로 싫어해도 미소를 띤다

마음속으로 아무리 화가 치밀어도 내색하지 않고 상대의 비위를 열심히 맞췄던 경험은 여자가 아니어도 대부분의 사람이 하는 경험입니다. 자신의 잘못을 부하에게 떠넘기고 모르는 척하는 상사, 생트집을 잡는 고객에게 번번이 화를 낸다면 직장 생활을 계속할 수 없습니다. 그런 경험을 되돌아보면, 여성이 속내를 감추고 미소를 띠는 마음을 이해할 수 있을 것입니다. 짜증나는 상사와 생트집 잡는 고객이 되고 싶지 않으면 자신보다 어린 여성에 대해서도 민감해지시기 바랍니다.

제5장

연애와 성희롱의 가깝고도 먼 거리

성희롱이 되는 연애

남성이 연애, 합의한 관계라고 생각했다가 성희롱으로 소송을 당하는 케이스 중 '망상계'에 대해서는 제3장에 적었습니다. 이번 장에서는 남성의 일방적인 믿음이라고만은 할 수 없는 패턴, 즉 '리얼계'에 관해 다룹니다.

앞서 연애와 성희롱의 경계는 모호할 수 있다고 했습니다. 실제로 연애가 성희롱으로 바뀌는 사례는 있습니다. 성희롱을 호소하던 여성 당사자가 "연애였다"고 인정하는 일이 많지 않기 때문에 단언하기 어렵지만, 제삼자의 입장에서 객관적인 상황을 보면 연애였던 것으로 보이는 사례는 분명 있습니다.

애당초 연애란, 트러블이 없을 때도 두 당사자 사이에

오해나 억측이 존재하기 마련입니다. 본인조차 "내 마음을 확신할 수 없다", "왜 저런 사람이 좋아졌는지 모르겠다"는 얘기를 자주 합니다. 더구나 제삼자가 둘이 정말 연인 관계였는지 아닌지 짐작하는 건 불가능합니다. 이러한 전제가 있지만, 저는 연애 관계였음에도 불구하고 관계가 변해 여성이 그 관계가 성희롱이었다고 소송하는 케이스가 있다고 생각합니다. 연애는 쌍방 합의로 성립되는 관계인데 비해 성희롱은 권력관계를 이용한 협박입니다. 둘은 전혀 다르지만, 한편으로 연애와 성희롱의 거리는 묘하게 가깝습니다.

연애를 했는데 성희롱으로 소송을 하다니, 그런 한심한 일이 있나, 그러니 성희롱 소송 따위는 믿을 수가 없다, 하고 생각하기 전에 어째서 연애가 성희롱으로 변하는지, 연애와 성희롱은 어떻게 뒤섞여 버리는지, 이번 장에서는 그 어려운 문제에 메스를 댑니다.

●●●

주위에서 보면 딱 연애

여성이 성희롱을 당했다고 직장 혹은 대학의 상담소나 변호사에게 주장하고, 조사 등을 거쳐 그것이 주위에 알려졌을 때(사생활 보호라는 측면에서 관계자가 극도로 정보를 감춰도 주위에서 알게 되는 일은 간혹 있습니다), 주위 사람들이 놀라는 일은 자주 있습니다. "설마 그 사람이…"라거나 성희롱이 있었다는 점에 놀라는 경우도 있지만 "그 사람들 사귀는 사이였는데", "보통 사이가 아니라고 생각했는데", 조금 속된 말로 "눈 맞은 줄 알았는데"라고 이중적 의미로 예상 밖이라는 반응을 보이기도 합니다. 성희롱 피해를 당했다고 주장하는 여성에 대해서도 "뭐야, 걔 부장님 좋아했던 것 아냐?", "그 선생님이 그 여자애한테 엄청 잘해 줘서 좋은 관계였는데 뭔 일?"이라고 여성에게 비난의 화살이 향하는 경우도 자주 있습니다.

직장 상사가 부하 여직원에게, 지도교수가 학생에게 성적인 접근을 하는 유형의 성희롱은 여성 쪽의 기분이 어떻든 실제 어떠한 경위였든, 주위에 '연인 사이', '특별히 친밀한 관계'로 보이는 일이 자주 있습니다. 제2장에서 소개한 "나도 모르겠다"고 고민하던 여성의 경우도 분명 주위 동료들에게는 "부장님이 마음에 들어 하는 애"로 보였을 겁니다.

남성과 여성은 업무상, 교육상 가까운 관계이므로 가령 여성이 남성의 접근이 처음부터 싫었다 해도 전혀 상대하지 않고 냉정하게 "당신 징그러워, 나를 꼬시려 하다니 바보 아냐!"라며 접근을 완전히 차단하는 일은 있을 수 없습니다. 상사와 부하가 아니라 동료라 할지라도 직장에서 "당신 불쾌해" 등 지나치게 노골적으로 반응하는 여성에게는 '무례'하거나 '몰상식'하다는 낙인이 찍힙니다.

그러니 여성은 남성의 권유에 적당히 장단을 맞추고, 개인적인 감정이 없다 해도 존경하고 의지하는 사람이 청한 일이니 오히려 즐겁게 식사나 술자리를 함께하기도 합니다. 주위에서 그 사실을 알게 되면 둘은 "특별히 친하다", "눈 맞았다"고 보겠죠. 남성이 그 여성을 역성들고 있다고 생각해도 어쩔 수 없는 일입니다.

그 후 여성은 남성이 개인적인 관계를 원한다는 사실을 알고 난처해 하지만, 완전히 연애 모드에 돌입한 남성이 더 이상 참지 못해 성희롱이 되는 경우도 있을 것이고, 상대가 아내가 있는 상사든 자신의 지도교수든 여성 쪽도 연애 감정을 품고 쌍방 합의 하에 연애 관계가 지속되는 경우도 있겠죠. 후자의 경우라도 성희롱으로 변할 수 있습니다.

더 극단적인 사례에서는 강간, 강제 추행에 해당할 법한 폭력적인 성행위의 강요에서 시작된 관계가 옆에서 보면 '연애' 같은 양상을 띠는 경우도 있습니다.

성희롱 재판으로 5년간 다투다 법정의 화해 권고로 가해자로부터 위자료를 받아 승리한 E씨. 재판에서 그녀가 한 진술에 의하면, 기혼에 자녀도 있는 E씨는 파트타임으로 일하던 직장의 정사원인 F와 술자리를 가진 후, 드라이브에 이끌려 갔다가 산길에 세워 둔 차 속에서 밀쳐져 넘어지고 강간을 당할 뻔했습니다. E씨는 크게 충격을 받았지만, 그 후에도 아무렇지 않은 얼굴을 하고 있는 F에게 공포감을 느낍니다. 그리고 "나에게 빈틈이 있어서가 아닐까"라는 죄책감, 자기부정으로 인해 그 일은 성희롱이 아닌 연애라고 스스로 믿게 하려고까지 했습니다. 심지어 F의 부인이 눈치채면 헤어질 수 있을지도 모른다고 생각해 머플러나 넥타이도 선물했습니다. 이러한 행동은 '완전 연애'로 보이지만, 상담할 상대도 없이 심리적으로 궁지에 몰린 상태의 E씨로서는 필사적인 행동이었습니다. (성희롱과 싸우는 노동조합 파워풀, 〈망상남─성희롱 남은 멈추지 않는다, 승리한 화해 성희롱 재판의 기록〉, 2008년)

이 E씨처럼 상대가 거래처나 상사, 교사 등 완벽하게 거절할 수 없는 관계인 여성은 특히나 폭력으로 굴복당해 억지로 섹스를 했다고 생각하기보다는, "상대가 나를 좋아해서 거칠게 대시한 것"이라고 생각하는 편이 심리적으로 편해지는 부분도 있습니다. 그런 경우, 성희롱은커녕 강간과 성폭력의 연속인 듯한 관계에서조차 여성은 절반쯤 포기하게 되고, 밖에서 보면 '연애'로 보입니다. 그리고 여성이 간신히 목소리를 내 '싫다'고 말할 수 있게 됐다고 할지언정 마치 사랑싸움이나 이별을 둘러싼 갈등처럼 보여 여성의 주장을 믿을 수 없다는 결론이 내려지기도 합니다.

●●●

연애의 프로세스

지금까지 처분을 받은 남성 쪽이 "합의였다"고 주장하는 케이스가 실은 그렇지 않은 경우도 있다는 것을 설명했지만, 성희롱으로 소송당한 모든 케이스가 그렇다는 것은 아닙니다. 여성 쪽이 "처음부터 연애가 아니었다", "내 뜻과 다르다"고 주장하지만, 적어도 일정 시기에는 연애 관계였을 수 있다고 추측 가능한 경우도 있습니다.

여성이 거짓으로 소송한 것이라면 성희롱은 죄가 되지 않는다고 성급하게 결론짓고 싶어지겠죠. 하지만 그렇지 않습니다. 놀랍게도 처음에 연애로 시작했는지의 여부는 성희롱인지 아닌지를 판단하는 데 결정적인 기준이 되지 않습니다.

여성의 주장이 어떻든 연애 관계였다면 그 사실은 비교적 분명하게 밝혀집니다. 주위의 증언이나 남아 있는 메일과 편지로 여성이 상사나 선생을 멋있게 생각하고 경애하고 있다는 점을 파악할 수 있으며, 그녀와 그가 '사랑에 빠졌던' 사실을 보여 주는 '증거'가 대량으로 드러나는 경우도 자주 있습니다. 재판의 증거로 둘이 주고받았던 친근한 메일이나 여성이 남성에게 준 선물, 여행지에서 사이좋게 찍은 사진 등이 제출되기도 합니다. 저는 여성이 남성에게 보낸 친근한 크리스마스카드가 '연애'의 증거로 남성에 의해 제출되는 경우를 본 적이 있습니다. 여성의 주장대로 여성은 애초에 그런 마음이 없었지만 "상대의 강한 대시에 져서" 시작되는 연애가 드물지 않으니 "애초에 그런 마음이 없었던" 사실이 연애가 아니었음을 증명하지는 않습니다.

문제가 되는 것은 첫째, '연애'의 프로세스입니다. 격렬하면 할수록 다양한 파장을 일으키는 연애가 있습니다. 더군다나 상사와 부하의 불륜, 교사와 학생의 연애라면 '담담한' 연애와는 달리 두 사람이 경험하는 파도는 크고 높습니다(사뭇 불타는 연애겠죠). 나도 모르게 손이 나갈 정도의 격렬한 다툼이나 격해진 감정으로 인한 폭력적인 섹스, 교제 과정에서 해야만 했던 임신중절, 불륜이기 때문에 여성이 해야만 했던 여러 인내…. 연애 중에는 참을 수 있는 것들 이지만(오히려 관계를 불타게 하는 양념이었을지도 모릅니다), 관 계가 종료된 후 결국 남성에게 진심이 없었다는 사실을 알 았을 때, 경험했던 하나하나가 싫은 기억으로 되살아나는 것입니다. 이 상태에 이른 여성은 자신도 열에 들떠 사랑했 던 시절의 일조차 남성에게 마인드컨트롤 당해 이루어졌 던 것으로 생각하게 됩니다.

● ● ●

결과적으로 아웃

연애 중에는 피해라고 생각하지 않았으면서, 그때는 싫다고 말하지 않았으면서 나중에 그렇게 얘기하는 건 비겁하다고 생각하는 분도 있겠죠. 하지만 그 여성에게는 그것 역시 명백한 피해 '사실'입니다. 마인드컨트롤을 당했다는 식으로 갖다 붙이다니, 라고 말하고 싶겠지만, 성희롱에는 힘과 입장의 상하 관계가 반드시 존재하기 때문에 압력이 있었던 것은 틀림없습니다.

　더 중요한 점은 그 연애 덕에 여성이 겪은 크나큰 상실입니다. 명백한 연애였다 할지라도 성희롱이라고 주장하는 여성은 결과적으로 파탄 난 연애 때문에 더 이상 직장을 다닐 수 없게 되고 대학의 경우에는 연구의 앞길이 보이지 않게 된 것입니다.

여기에서 다시 한 번 떠올려 주세요. 성희롱에서 남성과 상대 여성은 '대등'하지 않습니다. 상사와 부하, 정사원과 계약직, 사용회사 사원과 파견 사원, 지도교수와 학생, 이 관계들에는 권력이 존재합니다. 처음부터 그런 관계가 있었기 때문에 여성이 남성을 존경하고 매력적으로 느껴 교제가 시작된 것입니다.

다시 말해, 설령 연애로 시작한 관계여도 결과적으로 일을 지속할 수 없는 상태가 되었다면, 그것은 '결과적으로 세이프'가 아닌 '결과적으로 아웃'입니다.

더구나 성희롱을 호소하는 여성은 큰 정신적 고통을 받고 우울증 상태에 빠지는 경우도 흔합니다. 그 탓에 더더욱 일이나 학업으로 복귀하기 어려워지고 시간이 흘러가 버립니다. 이것이 악순환이 되어 그녀를 괴롭힙니다. 인간관계란 상호 역동적인 것이니 우울의 원인을 무언가 하나로 특정할 수는 없습니다. 모든 책임이 가해 남성에게 있다고는 절대 말할 수 없겠죠. 그러나 거듭 말하지만 자신의 부하 직원이나 지도하는 여학생이 그러한 상태가 되는

데 일조한 것에 전혀 책임이 없다고는 절대 말할 수 없습니다. 회사나 대학은 그런 점을 고려해 남성에게 성희롱 책임을 묻습니다. 단순히 여성을 차 버린 성실하지 못한 연인으로서가 아니라 직업인, 사회인으로서의 책임을 묻는 것입니다.

●●●●

어른들 간의 대등한 연애라면 괜찮다?

대학을 무대로 한 연애형 성희롱의 경우 대학과 교수가 교육의 책임을 지고 있는 이상(심지어 학생은 수업료를 지불한 '고객'입니다) 성희롱에 대한 책임을 더욱 엄중히 묻는 것이 당연합니다. 하지만 직장의 경우 상사와 부하라는 관계가 있을지언정 당사자가 소유주인 사장이 아닌 이상 둘은 같은 피고용자의 입장이기 때문에 판단이 조금 더 미묘해집니다. 그렇지만 파탄 난 연애로 인한 악영향이 여성에게만 미친다면 그것은 성희롱 적신호입니다.

일찍이 여성들은 그런 껄끄러운 상태가 되니 일을 그만두는 것으로 문제를 '해결'해 왔습니다. 하지만 현대의 여성들은 다릅니다. 독신, 기혼을 불문하고 일은 당연한 것이 되었고, 여성이 스스로 생계를 해결하거나 가족을 부양하는 일도 흔해졌습니다. 심리적인 면으로도 일에서 인생을 걸 만한 보람을 느끼며 일을 자기 정체성의 일부로 생각합니다. 일이 '용돈벌이'나 '시집가기 전의 임시 경유지'가 아니기 때문에 성희롱으로 인해 여성들의 일이 위험해지는 것은 삶에서 중대한 문제라고 할 수 있습니다. 여성들에게 일의 의미가 크게 달라진 시대이기 때문에 더더욱 성희롱이 사회문제로 떠오른 것입니다.

불륜이든 연애든, 사내 연애를 끝내기는 쉽지 않습니다. 서로 거북하고 일하기 어려워지기도 합니다. 헤어진 여성의 존재가 껄끄러우니 인사 재량권을 가진 남성의 경우 기회를 엿봐 그녀를 다른 부서로 보내기도 합니다. 인사이동을 시켜주는 편이 여성을 위해 낫겠다고 세심하게 배려하는 경우도 있겠죠.

하지만 결과적으로 그녀의 커리어를 방해하게 된다면, 그건 성희롱입니다. 여성의 활약이 늘어난 지금도 여전히 직장은 남성 중심입니다. 일을 지속하기 위해 여성은 남성이 상상하는 것 이상의 고충을 겪습니다. 일단 계약이 끝나면 다음 일이 있을까 고민합니다. 파트타임이어도 일은 생활을 위해 꼭 필요하고 일을 한다는 것은 인생에서 중요합니다. '커리어 우먼'이 아니라 해도 쉽게 포기할 수 없습니다. 그런데 남성은 종종 일에 대한 여성의 태도를 경시합니다. 자신들과 달리 여성에게는 그만둘 자유가 있어서 좋겠다고 생각하는 남성도 있습니다. 그런 남성들은 문제를 회피하기 위해 여성 쪽이 일을 그만두는 게 당연하다고까지 생각할지도 모릅니다. 하지만 그런 사고방식을 가졌다가는 이별이 성희롱이 될 수도 있습니다. 여성이 얼마나 일에 구애받는지 생각조차 하지 않고 안이하게 여성의 자리를 이동시키거나 사직시키거나 하여 문제를 '해결'하려는 태도는 금물입니다.

●●●

권력과 연애

직장이나 대학의 인간관계에서 남성이 여성에게 '손대는' 일이 얼마나 위험한지 아시겠습니까. 직업상, 교육상의 권력관계가 있는 곳에서는 남성이 그럴 생각이 없었다고 해도 상대 여성에게 압력으로 가해져 '강요'가 될 수 있는 데다, 설령 처음에는 서로 합의한 연애였다고 해도 둘 사이의 업무나 연구 상의 상하 관계는 결국 여성에게 악영향을 미쳐 그녀의 노동환경이나 교육 환경을 악화시키는 성희롱이 되기 쉽습니다. 처음부터 그러한 상하 관계가 있는 곳에서 '자유롭게 연애'하는 것이 곤란하다고도 할 수 있겠죠.

애초에 젊은 여성 사원이나 학생이 상사나 지도교수에게 끌리는 것은 남성의 위치상 당연히 갖고 있는 직업 능력이나 경험 때문입니다. 젊고 세상 물정 모르는 여성에게 그 남성은 실제 이상으로 특별히 실력 있는 사람, 훌륭한 능력의 소유자로 보이니까요. 지도나 관리 책임이 있는 입장의 남성이 상대 여성의 그런 착각을 이용하는 것은 어리석기 이를 데 없습니다. 어차피 그녀가 점차 경험을 쌓으면 그 '마법'은 풀리고 별 대단할 것 없는 보통 남성이라는 걸 알게 될 텐데 말이죠.

이렇게 말하면 권력관계가 작동하지 않는 연애는 없다, 연애에는 항상 착각이 따른다는 반론이 제기될 수 있습니다. 완벽하게 대등한 관계란 좀처럼 없으며, 권력관계가 없는 인간관계 따위는 있을 수 없습니다. 사람을 사랑하는 것은 정도의 차이는 있어도 자신의 마음을 '강요하는' 것입니다. 메를로 퐁티(Maurice Merleau Ponty)도 "타인의 의지를 침해하지 않는 연애가 가능한가"를 묻습니다(《눈과 마음》, 미스즈쇼보, 1966). 또한 제시카 벤자민(Jessica Benjamin)은 《사랑의 사슬》(세도샤, 1996)에서 사랑이라는 행위에는 불가피하게 지배가 잠재되어 있다는 사실을 설득력 있게 논합니다.

남성과 여성 사이에는 각각이 놓인 역사적이고 사회구

조적인 배경에 의해 권력관계가 항상 잠재해 있습니다. 또한, 권력관계가 있기 때문에 그 속에서 연애라는 격렬한 감정이 생겨난다고도 할 수 있겠죠. 상하 관계이다 보니 상대가 현실보다도 훌륭하고 듬직하게 여겨지고, 반대로 실제보다 귀엽고 보호해 주고 싶다고 생각합니다. 아무것도 잘못된 건 없다, 환상과 착각이 없다면 세상에는 연애 같은 일은 거의 일어나지 않을 것이고 아무도 결혼에 이르지 않을 것이라고 반박할 수 있습니다. 게다가 환상과 착각 때문에 연애가 빚어내는 멋진 결과도 있습니다.

이것이 사실이라 해도 성희롱 연애에서는 상사나 거래처로서, 지도교수로서, 회사나 대학이라는 조직에서 부여받은 힘이 사적으로 남용됩니다. 의도적이든 그렇지 않든, 지위에 따르는 권력을 남용하는 것이 성희롱입니다. 조직이 성희롱을 문제시하는 것은 그 남용으로 인해 조직의 목적이나 기능이 방해받기 때문입니다. 이를 무시하고 어떤 연애에도 권력관계는 존재한다며 일반화하고 끝내 버리는 것은 책임 있는 사회인의 태도라고는 할 수 없지 않을까요.

●●●

사내 연애의 세 가지 철칙

지금까지 조금 비관적인 이야기를 했지만, 현실에서 직장은 앞으로도 연애가 시작되는 곳으로써 존재할 것입니다. 그래서 이번 장 마지막에서는 성희롱이라고 받아들여지지 않게 데이트를 신청하는 방법을 소개하려고 합니다.

첫째, '일을 빙자해 신청하지 말 것'. 첫 데이트를 신청하는 일은 멋쩍은 일이기 때문에 자신도 모르게 그만 "그 안건에 대한 회의도 할 겸…"이라는 등 일을 빙자해 말을 걸기 쉽지만, 이런 방식은 NG. '거절하고 싶어도 거절할 수 없는' 상황을 만들게 됩니다.

둘째, '집요하게 요구하지 말고 깔끔하게'. "오늘은 좀 사정이 있어서…, 다른 약속이 있어서…". "생각해 보겠습니다"가 비즈니스에서 거절의 철칙이듯, 여성은 남성의 데이트 신청에 대해 '싫다'고 생각하면서도 뭔가 이유를 대 상대의 체면을 살려 주려고 하는 법. 그것을 있는 그대로 받아들여 매일 같이 "그럼, 오늘은 어때?"라고 계속 신청하는 건 미련한 짓입니다. 데이트에 응할 마음이 있는데 정말 그날 사정이 있었던 거라면, **상대 여성이 "다음 주는 어떠세요?"라는 식으로 다른 일정을 제안할 것입니다.** 그렇지 않으면 가망 없다는 증거, 깔끔하게 체념합시다.

그리고 셋째는, **'분풀이로 복수하지 말 것'**. 내 호의를 받아주지 않는 것은 분명 유쾌하지 않은 일. 어색하고 얼굴을 마주하고 싶지 않을지도 모릅니다. 그렇다고 해서 사내에서 멀리 하거나 팀에서 제외시키면 성희롱입니다. 일은 일, 사생활은 사생활. 그럴 때야말로 쿨하게 행동하는 것이 성희롱 방지를 위한 현대인의 직장 매너라고 할 수 있겠죠.

다시 말해, 이러한 룰을 제대로 지킨다면 성희롱 때문에 사내 연애도 못하겠다며 걱정할 필요는 없습니다. 직장은 이 시대에도 중요한 만남의 장입니다. 직장의 관리자, 상사로서 이러한 룰에 유의해 주세요.

남자가 알아차리지 못하는 다섯 번째 이유

중년 남성이 '인기 있는' 이유의 90%는 지위와 권력 덕분

중년 남성이 젊은 여성에게 매력적인 것은 지위와 경험 덕. 이끌어 주는 남성에게 여성은 끌리지만, 그 남성의 매력이 언제까지 이어질지는 알 수 없습니다. 여성이 경험을 쌓아 남성과 대등한 눈높이가 되었을 때, 그때도 그녀에게 사랑받고 있을 자신이 없다면 젊은 여성과의 연애는 삼가는 편이 안전합니다. 그럼 또 다른 젊은 여성으로 갈아타면 된다, 같은 생각을 한다면 성희롱 적신호입니다.

제6장

직장에 넘쳐 나는 성희롱 소재

지금까지 연애와 관련된 성희롱과 개인적인 관계, 혹은 신체 접촉을 포함하는 성희롱의 사례에 대해 알아봤습니다. 대부분의 남성이 나는 그런 걱정할 필요가 없다고 생각하실 겁니다(저도 그러기를 바랍니다!). 방심은 금물이지만 성희롱 사건에 연루되는 사람은 소수라고 할 수 있습니다. 그렇다고 안심할 수는 없습니다. 그 이유는 요즘은 기혼과 미혼을 막론하고 많은 여성이 직장에 다니는 것이 당연한 일이 되었기 때문입니다. 그런 환경에서는 어떤 남성도 성을 둘러싼 오해와 갈등에서 자유로울 수 없습니다. 제6장에서는 현대의 직장에서 누구나 경험할 수 있는 다양한 종류의 성희롱 사례에 대해 살펴보겠습니다.

●●●

눈을 어디에 두어야 할지 모르겠다

남성은 늘 정장만 입을지 모르지만, 여성들은 직장에서도 다양한 패션을 즐깁니다. 여성 직원은 제복이 있는 직장에서도 퇴근 후에는 제복과 전혀 다른 다채로운 패션을 즐깁니다.

그럴 때, 특히 여름철에 노출이 있는 여성 직원들의 복장에 자신도 모르게 깜짝 놀란 적은 없습니까? 에너지를 절약해야 하는 요즘은 특히 그런 일이 자주 있을 겁니다. 넓게 파인 가슴, 미니스커트에서 드러나는 다리에 나도 모르게 눈이 가게 됩니다. 출퇴근길 전철에서 만난 전혀 모르는 여성이라면 '땡큐~'라고 생각할 수도 있겠지만, 상대가 다름 아닌 직장 동료 혹은 부하 직원이라면? 본인과 눈이 마주치는 바람에 넋 놓고 보고 있던 자신의 시선을 어디로 돌려야 할지 곤란해질 겁니다. 조금 난처하긴 하지만 말하자면 불가항력 같은 것이지요. 그런데 나중에 알고 보니, '느끼한 눈으로 나를 바라보던 성희롱 부장님', '저 과장님은 요주의 인물이야'라고 여성 직원 사이에서 유명해졌다면 어떻게 하시겠습니까? "그 정도 일을 가지고 성희롱남 취급을 하다니, 괘씸한 녀석들! 불만스러우면 아예 그런 옷차림을 하지 말아야지. 여긴 직장이라고!"라고 야단치고 싶어지겠지요.

●●●

엘리베이터 시선

시선이 우연히 그쪽으로 향한 것뿐인데 뜻밖의 화를 당했다고 말하고 싶겠지만, 정말 '우연히 시선이 향한 것뿐'이라면 현실적으로 성희롱남 취급을 받을 일은 없습니다. '시선이 느끼했다'고 여성이 판단한 데에는 그만한 이유가 있습니다. 상대가 고개 숙여 인사할 때 그 여성의 가슴을 위에서 들여다보는 남성. 상대방이 시선을 못 느끼고 있다고 착각해 다리를 빤히 쳐다보는 남성. 이렇듯, '시선이 잠깐 그 쪽을 향했을 뿐'이 아닐 때가 있습니다. 여성의 몸을 직시하고 위에서 아래로, 아래에서 위로 시선을 옮기는 행위는 '엘리베이터 시선(elevator eye)'이라 불리며, 전형적인 성희롱 중 하나입니다.

'만진 것도 아닌데 뭐가 나빠!', '빤히 쳐다본다고 닳는 것도 아닌데 왜 그래?' 이렇게 생각하신다면 당신에게는 그야말로 '성희롱 적신호'가 켜져 있다고 할 수 있습니다. 직장 여성들은 일하는 여성입니다. 무대에 서는 연예인이나 모델이 아니기 때문에 남성의 눈을 즐겁게 하기 위해 직장에 오는 것이 아닙니다. 가끔 섹시해 보이는 옷을 입고 멋을 부린다고 해서 같은 직장에서 일하는 남성을 의식해 그랬다고 생각하는 건 착각입니다.

남성은 자주 " '좋은 몸매', '괜찮은 여자'라고 관심 가져주는데 뭐가 문제야!" 이렇게 말하지만, 이는 현대의 일하는 여성에 대한 이해 부족이라고 할 수 있습니다. 호감을 갖고 있지 않은 남성이 자신을 성적인 상대로 보는 것은 곤혹스럽기 짝이 없는 일입니다. 직장이 남성에게 '전쟁터'인 것처럼, 오늘날 여성에게도 직장은 생존을 위한 중요한 장소입니다. 사적인 자리에서 남성이 자신을 섹시한 여자로 생각하는 일이 반가운 일일지라도 직장에서 대놓고 성적인 관심의 대상이 되는 것은 여성 입장에서 모욕적인 일이기도 합니다. 성공한 '커리어 우먼'을 지향하지 않는 일반직 여성 직원에게도 이는 마찬가지입니다. 때와 장소를 가리지 못하는 남성은 성희롱남이라는 낙인이 찍혀도 어쩔 수 없습니다.

그렇다고 "그냥 여성을 쳐다보기만 해도 죄가 되나? 너무 불편하다." 이렇게 예민하게 생각하실 필요는 없습니다. 의식하지 않는 우연의 시선과 '여자'의 값을 매기는 듯한 시선의 차이를 여성들은 잘 구별하고 있으니까요.

💬💬💬
농담이 성희롱으로 변할 때

아무 생각 없이 내뱉은 말이 성희롱 취급을 받고, 사적인 질문을 무심코 하는 것도 안 되며, 또 성적인 화제나 농담으로 여성을 웃기는 것도 안 된다니, '숨 막혀서 살겠나'라고 남성들은 불만을 토로합니다. 사실 '그런 말은 품위가 없다'며 여성들이 어이없어 하기는 해도 성희롱으로 큰 문제가 되는 일은 그다지 많지 않습니다.

조심해야 하는 것은 설사 그 말이 농담이었다고 해도 그 말이 어느 한 사람의 여성을 타깃으로 했을 때입니다. 업종과 부서에 따라서는 직장에 여성이 한 사람밖에 없는 경우가 있습니다. 그러한 환경에서 내뱉는 성적인 말은 그 말을 한 남성에게 그런 의도가 없었더라도 그 여성 개인에게 이야기한 것처럼 받아들여지기 쉽습니다. 듣는 입장의 여성도 혼자이기 때문에 동료 여성 직원들과 함께 "저 과장님의 야한 얘기, 정말 짜증 나!"라는 식으로 욕하며 스트레스를 풀 수도 없고 혼자 우울하게 고통을 이겨낼 수밖에 없습니다.

남성 중에는 "똑같이 야한 이야기를 했는데 왜 저 사람은 문제가 안 되고 나는 문제가 되는 거야?" 이렇게 불만을 토로하는 사람도 있는데, 웃고 넘어갈 수 있는 사람은 대체로 야한 이야기를 한다 해도 어느 한 사람을 타깃으로 삼는 것이 아니라, 주위 사람을 상대로 야한 이야기를 하여 자신을 놀림거리로 삼아 주위를 웃게 하는 경우입니다. 자기 자신의 잠자리에 관한 자랑이나 주위 여성을 타깃으로 했다가는 그것은 농담이라고 할 수 없습니다.

그리고 또 하나, 참기 어려운 언어 성희롱이 되기 쉬운 것은 여성에 대한 공격 수단으로 쓰이는 성적인 말입니다. 건방진 동료 여자 직원이나 마음에 안 드는 여성 상사에 대해 직접 불만을 말하거나 비판할 수 없기 때문에, "일은 잘할지 모르지만 여자로서는 꽝이다"라든지, "그렇게 잘난

척 해봤자 애를 못 낳았으니까 인생에 실패한 것 아니야?"
등의 욕을 하다 보면 상대가 여자이기 때문에 성적인 요소
나 사생활에 관련된 말이 튀어나오기 쉽습니다.

이러한 공격은 같은 여성 사이에서, 혹은 부하가 상사에
게 하기도 합니다. 그리고 그런 말은 업무 성적이나 능력에
대해 비판하는 것보다 훨씬 더 그 여성의 인격을 모독하는
것이 됩니다.

일본 최초의 성희롱 재판인 후쿠오카 성희롱 소송은 그
러한 종류의 성희롱을 문제 삼은 것이었습니다. 업무 능력
이 뛰어난 동료 여성 직원에 대해 "노는 것을 좋아한다",
"생활 태도가 문란하다", "남자들과 자주 논다" 등, 회사 사
람과 거래처에 소문을 퍼뜨리고 다닌 남성. 판결은 '이는
단순한 욕설을 넘어 일할 권리의 침해, 인격권의 침해'라고
인정했습니다(직장에서의 성적 괴롭힘과 싸우는 재판을 지원하는
모임, 《직장의 '상식'이 달라진다 – 후쿠오카 성희롱 재판》, 인팩트출
판회, 1992).

●●●

칭찬인데 성희롱이라니

여성의 기분이 상한 것을 눈치채기는커녕 그 말을 한 사람은 칭찬을 한 것이었는데 상대 여성이 '불쾌하다', '성희롱이다' 등의 반응을 보여 놀랐다는 이야기도 흔한 패턴입니다.

몸매가 좋다, 섹시하다는 등 성적인 말을 쓸 때 매우 조심해야 한다는 것은 이해할 수 있는데, '예쁘다', '참 미인이다'라고 칭찬했는데도 성희롱이라는 지적을 받았다, '이쪽은 예의상 칭찬해 준 건데 불쾌해 하다니 성격이 이상한 거 아냐?'

상식적으로 생각하면 예쁘다는 칭찬을 듣고 기뻐하지 않을 리가 없는데, 왜 이것이 성희롱이 되는 걸까요?

이런 상황을 상상해 봅시다.

직장에서 회의를 할 때, 국장님이 제안한 계획에 여성 직원이 반대 의견을 밝힙니다. "이 아이디어를 가지고 새로운 타깃을 공략하는 것은 어렵지 않을까요? 다른 방식으로 접근하면 어떨까요?" 이 여성 직원의 의견에 대해서도 반론이 나왔지만, 그래도 이 여성 직원이 데이터까지 제시해 가며 끈기 있게 주장하니 차츰 다른 멤버들도 그녀의 의견에 동조하기 시작합니다. 이렇게 되면 제안자인 국장은 기분이 좋을 리 없습니다. 자신의 제안은 오랜 경험에 의한 것인데 이 여성 직원은 그것을 전혀 모르고 있다, 내 기획이 받아들여져 쉽게 끝날 예정이던 회의가 길어져 곤란하다…. 그래서 "너무 정색하지 말게. 그렇게 무서운 표정을 지으면 예쁜 얼굴이 엉망이 되잖아. 하하하. 오늘 회의는 이 정도로 끝내자."

이 국장님의 발언을 듣고 여성 직원은 '이거 성희롱 아니야?'라고 불쾌감을 느낍니다. 그러나 국장님은 '예쁘다'고 말한 것뿐인데 왜 시비를 거는지 이해할 수 없습니다.

이 발언의 표면에 있는 부분만 보면 '예쁜 얼굴'이라는 말은 칭찬처럼 보입니다. 그러나 이 발언이 나온 맥락을 보면, 국장님의 말에는 여성 직원의 발언을 차단하고 부정하려는 의도, '어차피 젊은 여자 직원의 말이니까 들을 가치가 없다'는 뉘앙스가 포함되어 있습니다. 즉, 여기서 '예쁘다'는 말은 일하는 사람으로서 그녀의 존재를 가볍게 여기는 표현이 되고 마는 것입니다. 그래서 여성 직원은 불쾌감을 느끼고 성희롱을 당했다고 생각하는 것입니다.

●●●

여자가 타 준 커피가 역시 맛있다

칭찬을 했는데 오히려 역효과가 나는 성희롱은 남자는 일, 여자는 가정이라는 고정적인 성별 분업관을 가진 사람이 저지르기 쉽습니다. "여자가 타 주는 커피가 역시 맛있네." 이런 '칭찬의 말'이 그 전형적인 사례입니다.

　많은 남성에게는 여성에게 여성다움을 기대하는 것이 여성 차별이나 성희롱이 된다니 상상도 못할 일입니다. 그러한 남성들은 진심으로 '여자가 타 주는 커피가 맛있다'고 생각하고, 실제로 맛이 있다고 느끼기도 합니다. 그들에게 그 말은 성차별이나 성희롱에 해당하기는커녕 칭찬의 말이자 여성을 높이 평가하는 것입니다. 오히려 여성을 여성 취급하지 않는 것이 실례라고 생각합니다.

그러나 현대사회에서는 일하는 여성의 대부분은 자신이 타 주는 커피 맛과 '여성다움'이 아니라 업무 내용으로 평가받고 싶어 합니다. 여성들은 직장에서 '여성스럽다'고 평가되는 것은 흔히 직업인으로서 낮게 평가되는 것이라고 민감하게 생각합니다. 칭찬을 했는데 이게 왜 성희롱이냐고 화내기 전에 그 점에 대해 알아 두시기 바랍니다.

그런데 더욱 어려운 것은 여성다움을 기대 혹은 강요받는 것이 성차별이자 성희롱이라고 생각하는 여성이 있는가 하면, 그렇지 않다고 생각하는 여성도 많다는 사실입니다. 세대 차이도 있겠지만 남녀를 불문하고 '남자는 남자답게, 여자는 여자답게' 행동해야 한다고 생각하는 사람은 아직도 많습니다. 그러한 여성들은 자신을 여성 취급하지 않는 것이 실례라고 생각합니다.

그렇기 때문에 현대 남성들이 이를 몰라 당황해 하는 것도 무리는 아닙니다. 같은 여성이라도 사람에 따라서는 여성다움을 칭찬하지 않으면 실례가 되고, 또 그렇지 않은 사람에게는 여성다움을 칭찬하면 성희롱이 되고 마니, 참 어려운 부분입니다.

이러한 상황은 현대사회가 나은 성별 역할 규범의 변화에서 생긴 것이지, 개인적인 고집이나 변덕은 아닙니다. 그렇기 때문에 모든 상황과 사람에게 적용 가능한 처방전은 없지만, 적어도 직장이나 교육 현장에서는 고정적인 여성다움을 요구하는 것이 문제가 될 수도 있다는 사실을 알아두는 게 안전합니다.

여직원의 임신 – 성희롱 정도를 가늠하는 리트머스 시험지

현대의 직장에서 성희롱으로 간주되기 쉬운 전형적인 사례는 여성 직원의 임신이나 출산과 관련됩니다. 결혼이나 출산을 하면 퇴직하는 것이 일반적이었던 옛날과 달리 지금은 아이를 낳아도 일을 그만두지 않는 여성이 많습니다. 그러나 여성 직원이 임신했다는 말을 들으면 바로 섹스와 연관 지은 저질 '농담'을 하려는 '아저씨'도 가끔 있습니다. 임신한 여성에 대해 신체적인 배려가 필요하다는 점에서 오히려 성희롱이 생기기 쉬운 것이죠.

여성 직원이 임신을 하면 무리를 하게 만들어도 안 되고, 출산 휴직과 육아휴직에 대비한 인원 확보도 필요합니다. 이는 오늘날 관리직의 책무 중 하나지만, 임신 출산은 극히 사적인 일이기 때문에 상사와 동료들의 무심한 말과 태도가 그 여성 입장에서는 불쾌한 성희롱으로 간주되는 일도 일어나기 쉽습니다. "연장 근무를 자주 했는데 남편과 잠자리는 가졌네" 따위의 발언은 논할 가치도 없는 말이지만(특정한 여성을 타깃으로 한 말은 농담이 되지 못한다는 점에 대해 위에서 이미 언급했습니다), 아이를 낳고도 계속 일하는 여성들이 어떤 감정을 갖고 있는지 모르는 사람이 많기 때문에(즉, 그만큼 여성들은 묵묵히 참고 일을 계속한다는 의미입니다) 여러분께서 알아 두셔야 할 것이 많습니다.

특히, 여성이 결혼하면 퇴직하는 것이 오랫동안 당연시됐던 시절을 경험한 남성들에게는 배가 불룩한 여성이 회사에 있는 것 자체에 거부감을 느끼거나 임산부라는 것에 예민하게 반응하기도 합니다. 여성은 그런 남성들의 태도를 남성이 생각하는 것 이상으로 예리하게 알아챕니다.

앞으로 일하는 여성이 늘어나는 한 임신과 출산을 하는 여성도 증가하는 것이 당연합니다. 동료와 부하의 임신에 대해 어떻게 대응하고 어떻게 좋은 직장 환경을 만들 것인지는 현대의 남성들에게 성희롱의 정도를 가늠하는 리트머스 시험지라 해도 과언이 아닙니다.

●●●

언제 누구에게 임신 사실을
알릴 것인가

일하는 여성에게 임신은 무조건 기뻐만 할 일이 아닙니다.
언젠가는 아이를 낳을 거라 생각했지만 '지금, 이 타이밍은
아닌데…'라고 고민에 빠질 수도 있습니다. 더구나 예상치
못한 임신의 경우 곤란해 하며 의기소침해지는 경우도 많
습니다. 그리고 안정기에 접어들기 전에는 임신 사실을 밝
히고 싶지 않아 하는 것이 일반적이기 때문에, 임신했다고
해서 바로 직장에 알리는 것이 아니라 주위의 반응과 업무
스케줄 등을 잘 고려해 가장 좋은 시기에 알리려고 합니다.
　그러다가 입덧이나 검진 때문에 병원에 다녀야 하다 보
니 사정을 이해해 줄 것 같은 사람이나 꼭 임신 사실을 알

려야 하는 사람에게 조금씩 알리기 시작합니다. 그런데 여성이 그런 고생을 하는지도 모르고 "○○○씨, 임신했대!"라며 소문을 퍼뜨리는 사람 때문에 기분이 상했다는 사례가 끊이지 않습니다. 우리 회사에 경사가 났다고 가벼운 마음으로 임신 사실을 알리는 것도 문제지만, 설사 그것이 '그녀를 위해서'였다 할지라도 당사자 입장에서는 매우 불쾌한 경우도 많을 겁니다.

또한 여성 직원이 임신한 사실을 알자마자 '육아휴직 기간 동안의 인력 충원을 서둘러야겠다', '아기가 있으면 복귀한 후에 이 부서에서 일하는 건 어렵겠지?'라는 식으로 본인의 의사와 예정을 확인하기도 전에 미리 쓸데없는 '배려'를 하는 것도 문제입니다. 상사와 관리직으로서 미리 일처리를 잘해야겠다고 나름의 배려를 하는 건지도 모르지만, 본인은 아직 임신한 사실을 모두에게 알리지도 않았는데 이런 식으로 회사 전체에 말하고 다니는 것은 엄연한 성희롱입니다. 본인의 의사를 확인하지도 않은 채, '일과 육아의 양립은 힘드니, 업무 부담이 적은 부서로 옮겨 줘야 한다'는 등, 제멋대로 '배려'해 부서를 이동시키는 것은 임신을 이유로 여성에게서 일을 빼앗는 격이 되고 맙니다.

안타까운 일이지만, 일본에서는 '여성 직원은 임신하면 육아휴직을 신청하지 말고 퇴직하기 바란다'는 입장을 취하는 기업이 지금도 적지 않습니다. 그러한 기업에 비하면 육아휴직이 끝나고 일과 육아를 양립할 수 있는 부서로 이동을 권하는 기업은 양심적인 회사라고 할 수 있습니다. 그러나 요즘 부부는 남성 쪽이 육아휴직을 쓰는 경우도 있기 때문에 '애를 낳으면 엄마로서 육아를 우선시할 거야'라고 단정해 버리는 건 금물입니다. 여성 직원에 대한 배려가 당사자의 뜻과 맞지 않아 성희롱으로 간주되지 않도록 남성뿐만 아니라 여성 상사도 이 점에 대해 특히 조심해 주시기 바랍니다. 현대의 일하는 여성들은 임신했다고 해서 마치 동물원 판다처럼 주목받거나 무턱대고 '특별 대우'를 받는 일을 바라지 않습니다.

●●●
배 좀 만져 보자

여성이 임신한 사실을 알게 되면 바로 섹스와 연관 지어 말하려는 성희롱남이 있는가 하면, 일본에는 임산부의 몸에 사생활이 없다고 생각하는 문화가 있는 것 같습니다. 출산 경험이 있는 직장 여성들이 겪은 성희롱 사례로 자주 거론되는 것에 임신 중에 직장 사람들이 자신의 배를 무심코 만졌다는 것이 있습니다. 만지는 쪽은 곧 태어날 아기에 대한 인사 정도일지 모르지만, 그 배는 여성의 매우 민감한 부분입니다. 가족이나 친한 여자 친구라면 몰라도 직장 동료나 상사가 이런 사적인 부위를 만지는 일은 피하고 싶은 법입니다. 상대방에게는 악의가 없고 자신에게 친근함을 느끼기 때문에 배를 만진다는 것을 알고 있으니 싫다고 거절할 수는 없었지만 왠지 기분이 좋지 않았다, '그거 성희롱 아니야?' 경험한 사람은 이렇게 말합니다.

임신을 둘러싸고 이렇게 많은 성희롱 소재가 있는 것을 알게 되어 놀라는(혹은 지긋지긋해 하는?) 남성도 있을 겁니다. 출산 후에도 일하는 여성이 아직 소수에 지나지 않는 현실에서 회사 안에 임산부가 있는 것과 부하 혹은 동료가 임산부라는 것에 익숙하지 못해도 어쩔 수 없습니다. 하지만 시대는 빠르게 변화합니다. 결혼하지 않은 싱글 임산부도 늘어날 것입니다. 저출산 고령화에 시달리는 일본 사회의 미래를 생각해 봐도 임산부가 마음 놓고 일할 수 없는 회사에는 미래도 없습니다.

남자가 알아차리지 못하는 여섯 번째 이유

노출이 많은 옷차림이 직장에 있는 남성을 위한 건 아니다

패션은 여성의 자기표현입니다. '나한테 어필하는 거야?' 라고 착각해서는 안 됩니다. 여성의 몸을 찬찬히 훑어보는 '엘리베이터 시선'은 회사에서 금물입니다.

제7장

주위에 계신 여러분들, 당사자에게

●●●

흔한 반응 – 감싸는 남성들

'상대방이 열을 올리고 있었던 것 같아요.'

'내부에서도 그 처분은 너무 과했다는 분위기에요.'

'처벌을 결정한 사람이 딱딱한 인사부장이니… 운이 없었네.'

'성희롱이 아닌 거야, 그건. 상대가 나빴던 거겠지.'

'성희롱으로 처벌', '부적절한 관계가 있었다고 인정되어 조치'. 성희롱과 얽힌 처분이나 인사이동이 있으면 주위의 남성들은 자주 이런 반응을 보입니다. 지나친 일반화는 금물이지만, 성희롱 사건을 들었을 때 여성과 남성의 반응은 일반적으로 크게 다릅니다. 여성은 자신이나 주위의 체험처럼 받아들여 당연히 화를 내지만, 남성은 다릅니다. '그

녀석이 그런 짓을 할 리가 없어', '그 사람이 설마'라고 당사자인 가해자를 알던 모르던 간에 가해자로 여겨지는 사람을 감싸려 합니다. 남성으로는 드물게 이른바 여성 문제를 이해할 만한 사람도 성희롱에 대해서는 '뭔가 사정이 있었을 거야'라고 가해 남성에게 매우 '관용'적인 태도를 보이는 것에 놀랐던 적이 한두 번이 아닙니다.

그러한 남성의 '관용'은 어디에서 오는 것일까요? 첫째로는 지금까지 살펴보았듯 성희롱에 대한 현실이 결여돼 있어 성희롱이란 악랄하고 외설적인 것이라 생각하기 때문에 설마 그런 짓을 자신의 친구나 지인이 할 리가 없다는 데서 오는 반응일 것입니다.

게다가 성희롱이란 지위의 상하 관계를 이용해 일어나기 때문에 가해자 측에는 그만큼의 힘과 지위가 있습니다. 과장이나 부장 등의 중요한 지위에 있지 않은 평사원이라 해도 파견 사원이나 계약 사원과 비교하면 힘이 있습니다. 그렇기 때문에 주위 남성의 입장에서 보면 어느 쪽을 자신의 아군으로 두는 게 도움이 되는지 명백합니다. 사실관계를 확실히 모르는 이상, 아니, 남성 쪽에 잘못이 있음을 알게 되어도 여성을 편들어 봤자 쓸모없으며, 힘이 있는 남성의 편을 들어주고자 하는 것이 직장인 처세술의 기본입니다. 여성의 경우에는 피해 여성과 함께 성희롱에 화를 내고 가해자를 비난하는 경우가 남성보다 훨씬 많지만, 그것은 여성으로서 피해자의 기분을 잘 파악한다는 단순한 이유뿐만이 아니라 원래 대부분의 여성이 조직 안에서 출세하는 것이 어렵기 때문에 상사에게 아첨할 필요가 그다지 없기 때문일 겁니다. 그 증거로 관리직 여성이나 미디어 분야에서 활약하는 여성 중에는 '여성에게 빈틈이 있다'고 성희롱 피해자를 책망하는 사람이 적지 않습니다.

또 '심한 일이 아니다'라는 느낌이 남성들에게 있는 게 아닐까요? 기혼자라 해도 자신 주위의 직장 여성이나 학생에게 끌리는 경험은 자주 있습니다. 다행인지 불행인지 자신은 그러한 여성과 아무 일도 없었지만, 만약 상대가 적극적이었다면 관계를 가졌을지도 모르고 나중에 성희롱으로 소송당해 같은 꼴이 될지도 모릅니다. 그런 우려, '인제 나에게 이런 좋지 않은 일이 닥칠지도 모른다'는 의식이 가해자를 감싸고 싶은 기분을 낳는 것은 아닐까요? 이 책에서 언급해 왔던 것처럼, 실제로 성희롱은 단순한 연애의 갈등이 아니지만 말입니다.

남성들이 가해자를 감싸고 성희롱 피해를 축소시키기 쉬운 것은 핵심을 찌르자면 조금 다른 의미도 있을 겁니다. 남성의 입장에서 강간이나 치한 등의 범죄와는 별도로 부하 직원인 여성과 성적 관계를 가지고 있었다, 지도하는 여학생과 깊은 교제를 하고 있었다는 것 등은 한편으로는 '남성의 박력'이 과시되고 있는 것처럼 생각할 수도 있지 않을까요? 비슷한 연령이나 지위의 자신에게는 없는 남성적 매력이 저 남자에게는 있었나? 하는 가벼운 질투심조차 일어납니다. 그 남성은 성희롱을 했다고 소송당했기 때문에 이치에 맞게 생각하면 부러운 것과는 거리가 먼 상황이지만, 성희롱 같은 건 당치않다고 공언하면 자신이 너무 성실하기만 한 인기 없는 남자라고 인정하는 것과 같은 것. 그런 심리가 남성에게는 작용하고 있는 것이 아닐까요?

또 남성이 남성에게 보이는 모습과 여성에게, 특히 손아래의 젊은 여성들에게 보이는 태도는 다릅니다. 상대에 따라 보여 주는 얼굴이 다른 것은 남녀노소 구분 없이 누구에게나 있는 일로 그 자체가 나쁘다는 것은 아니지만, 세간에서 훌륭한 인격자로 보이던 사람이 성희롱을 하는 것은 드물지도 않습니다. 일반 남성이라도 '사소'할지언정 부하 여성과 파견 사원인 여성, 지도하는 학생에게 휘두르는 힘이 있기 때문에 남성 간에서 보이고 있던 얼굴과 상당히 다른 표정을 그러한 여성들에게 보여 주는 것입니다. 연장자인 남성이나 동료에게 그 남성의 '지위와 힘' 등이 확 와 닿지 않더라도 성희롱을 했다고 들었을 때 '설마 그 녀석이'라고 단순히 부정하는 일은 그만둡시다.

●●●

사실을 왜곡하는 '관용'

이유가 무엇이든 남성들의 성희롱이나 가해자에 대한 관용은 사실을 왜곡해 왔습니다.

연애 문제가 얽힌 성희롱의 경우, 특히 상세한 정보는 주위의 누구도 알지 못하는 케이스에서도 '설마 그 사람이 그런 짓을 할 리가 없어', '누가 함정에 빠뜨렸을 거야' 등 근거도 없이 누군가 흘린 단어나 감상이 주변에 전해지는 와중에 억측은 확대되고 소문이 소문을 낳습니다. 그리고 '칭찬받을 일은 아니었지만, 희롱이라고는 할 수 없는 연애 문제였다, 그러나 체면을 중시하는 조직에 의해 운 나쁘게 당했다', '파벌 다툼에 휘말려 성희롱으로 날조당했다'와 같은 '스토리'가 만들어져 왔습니다.

처분에 납득할 수 없는 가해자 본인이 이러한 스토리를 주위에 적극적으로 퍼뜨리는 경우는 자주 있습니다. 책임을 피하려는 억지인 경우도 있지만, 이 책에서 상세히 언급하고 있는 것처럼 본인은 자신이 한 일의 본질을 이해하지 못하며, 누명이라고 굳게 믿는 경우도 있습니다.

또한 있을 법한 일은 가해자와 가까운 사람들이 그러한 스토리를 적극적으로 이야기하거나 유포하는 것입니다. 가해자와 친밀한 주변 사람들은 가해자 본인이 대외적으로 입을 다물고 있다 해도 그로부터 어떠한 일이 있었는지, 어떻게 회사나 조직의 처분이 부당한지의 이야기를 직접 듣고 있습니다. 당연히 가해자 본인은 말하고 싶지 않은 부분을 숨기고 이야기하기 때문에 그 이야기 버전은 그의 상황에 매우 유리한 내용입니다. 가해자로부터 이야기를 듣는 사람은 그로부터 신뢰받는 가까운 친구, 이해를 함께 나누는 관계에 있는 사람들이기 때문에(그렇지 않으면 가해자는 그 사람에게 이야기할 수 없습니다), 가해자의 말을 전면적으로 믿고 가해자는 완전히 '결백'한, 누명을 쓴 희생자라는 스토리가 완성되어 갑니다. 가해자의 부인이 전형적인 사례로, 남편이 성희롱을 했다는 사실을 인정하고 싶지 않은 아내의 입장에서는 상대방의 여성이 피해자이기는커녕 말도 안 되는 거짓말쟁이고 자신의 남편은 모함당한 희생자라는 스토리를 믿는 쪽이 심리적으로 훨씬 편안합니다. 아내 이외에도 업무상 이해관계에 있는 사람도 가해자의 '억울함'과 '누명' 스토리를 물고 늘어져 이를 주위에 확산시킵니다.

'도움이 되는 부분'만을 취하여 만들어진 그러한 스토리는 잘 들어 보면 모순덩어리라 파헤쳐야 하는 부분이 아주 많지만, '남성이 성희롱으로 모함당했다'는 종류의 스토리는 받아들여지기 쉬워 흥미 위주의 소문이나 인터넷을 통해 단편적인 형태로 확산됩니다. 다소 이름이 알려진 사람이 당사자라면 주간지의 소재가 되기도 합니다. 게다가 그러한 스토리는 가해자 자신이 의도했다기보다 왜곡되어 상대 여성이나 처분을 내린 조직을 멸시하는 듯한 이야기가 되어 버립니다. 그렇기 때문에 때로 그것이 상대 여성에 대한 '2차 가해'를 일으켜 가해자의 입장을 더욱 악화시키는 경우도 있을 정도입니다.

이렇듯 첫머리에서 언급한 감상은 재구성된 그럴듯한 스토리 때문에 발생하는 것이지만, 그래도 이런 스토리를 그대로 받아들이는 것은 금물입니다.

●●●

주위의 책임 - 2차 가해에 가담하지 않는다

그런 소문이나 평판을 들었을 때, 특히 직장에서 책임 있는 위치에 있는 남성은 주의해야 합니다. 사람 좋은 태도로 이런 스토리를 그대로 받아들여 사리분별이 명확한 것처럼 구는 것은 무책임합니다. 그런 스토리가 만연해 회사가 실시한 조사 결과가 부실했다, 처분은 부당했다는 이야기가 정착되면, 이는 기업이나 대학의 신뢰 문제와 연관됩니다. 상대 여성으로서도 고생 끝에 겨우 문제를 해결했을 터인데, 또 큰 타격을 입고 회복은 더디게 됩니다. 그러한 여성의 입장에서 이것은 '2차 피해'가 되고, 소문이나 스토리 확산에 도움을 준 사람은 원래의 성희롱 사건과 관계가 없었어도 2차적인 성희롱 가해자가 되어 버립니다.

'그건 성희롱이 아니야', '단순한 불륜의 갈등일 거야' 라는 말은 과장되어 주변 사람들에게 이야깃거리로 전해집니다. 단지 어림짐작일 뿐임에도 신빙성이 있는 것처럼 조직 내외의 다양한 입장의 사람들에게 사실인 듯 전달됩니다. 이것은 피해를 호소한 여성을 다시 괴롭게 만들뿐만 아니라 조직의 판단 및 조치의 정당성을 의심하게 만들기도 합니다. 특히 직장에서 책임 있는 자리에 있는 남성분들은 조심해 주시길 바랍니다.

●●●

나에게 상담해 오면 어떻게 하지?

주위 사람들은 성희롱으로 괴로워하는 여성에게 가능한 한 도움을 주고 싶어 합니다. 그러나 성희롱을 당한 여성이 고충을 이야기하는 것은 반드시 상대 남성이 해고되면 좋겠다는 등 엄격한 책임을 물으려는 것은 아닙니다. 성실하게 사죄하면 받아들일 것이고, 두 번 다시 반복되지 않으면 그것으로 충분하다, 남성의 장래를 해칠 필요까지는 없다고 바라는 여성이 많습니다.

이를 상사들이 제대로 헤아리지 못한다면 일이 커집니다. 당사자가 예상도 못했던 무거운 처분을 내리는 경우는 자주 있습니다.

제2장에서도 몇 가지 사례를 소개했지만, 최근의 사건

에서 바로 이런 상황이 실제로 있었습니다. 2010년 7월에 삿포로(札幌)지방법원에서 판결이 내려진 자위관 성희롱 사건이었습니다.

이것은 2006년, 당시 20세였던 여성 자위관이 기지에서 동료 남성으로부터 성폭력을 당했고, 이 사건을 상담한 남성 간부가 퇴직을 강요했던 사건입니다. 지방법원은 성폭력 피해 그 이상으로 사후 조직 대응의 미숙함을 인정하여 여성에 대한 위자료 500만 엔(그 외에 변호사 비용으로 80만 엔)을 지불하도록 명했는데, 그 내역은 성폭력 200만 엔, 그 후의 보호 및 대응의 직무 유기가 300만 엔이었습니다. 피해 여성은 적어도 가해자를 부서 이동시키고, 자신은 그대로 일을 계속하게 해 달라고 상사에게 필사적으로 부탁했습니다. 그럼에도 불구하고 자위대에 여자는 필요 없다며 여성 쪽에 퇴직을 강요해 부득이하게 재판에 이르렀던 것입니다. 여성의 입장에서도 남성의 입장에서도 정말 유감스러운 일이었습니다.

이 사건은 자위대라는 '남자의 세계'에서 일어난 일이지만, 일반 기업이나 회사에서도 남성을 무조건 우위에 두고 여성의 호소에는 귀를 기울이지 않는 경우가 흔히 있습니다. 그러나 성희롱 피해를 호소하는 여성의 대부분은 상대방의 해고나 거액의 배상금 같은 어려운 요구를 하는 것이 아니라 사과해 주길 바란다, 재발하지 않도록 해 달라고 요구합니다. 이를 무시하고 일방적으로 가해자 남성을 감싸면 역효과를 초래해 일을 크게 만듭니다. 그것은 자신의 관리 책임으로 직결되는 일이라는 것을 남성들은 알아주기 바랍니다.

💬💬💬

성희롱 상담은 듣기 어려운 것

인사권을 가진 상사뿐 아니라 동료나 친구라 해도 성희롱으로 힘들어하는 여성의 상담을 받으면 이야기에 귀를 기울이는 것이 중요합니다.

그래도 성희롱 상담이라는 것은 듣기 어려운 것입니다. 상담하는 쪽도 이야기하기 어렵지만, 듣는 쪽도 잘 알고 있는 사람의 입에서 성과 관련된 이야기를 들어야 하기 때문에 쑥스럽거나 귀를 막고 싶기까지 합니다. 그렇기 때문에 나에게 상담하지 않으면 좋겠다는 마음이 들어 '인사과에서 상담을 받고 있을 거야. 거기에 가 보면 어때?', '상담 창구가 있으니 그쪽으로 가 봐.' 이렇게 이야기해 버리기도 합니다.

그래도 상담해 오는 여성 입장에선 업무에 악영향이 미치고, '사생활'의 경계를 이미 넘어섰기 때문에 상담하는 것입니다. 이야기하기 어렵기는 하지만, 해결할 힘이 있다고 생각되는 사람에게 상담하는 것이죠. 상대 남성에게 영향을 미칠 수 있는 입장에 있기 때문입니다. 그런데도 '나는 모르겠다'고 한다면 상담한 여성이 너무나도 가엾습니다. 조직 내 전문 부서의 힘을 빌리는 등 문제 해결에 협력해 주어야 합니다.

●●●

상사까지 처벌되는 경우도

성희롱 상담을 소홀히 했다, 제대로 대응할 수 없었다는 이유로 상사가 처벌받는 경우도 있기 때문에 한 가지 사례를 소개합니다. 2008년 국가공무원 처벌 사례입니다.

사건의 내용은, 가해 남성 G씨가 반 년 정도의 기간에 걸쳐 여성 비정규 직원에게 성적인 내용이나 협박으로 보이는 메일을 계속 보내고, 사무실에서 의자에 앉아 있던 그 여성을 뒤에서 밀쳤다는 사건입니다. 이 남성은 3개월의 징계 정직 처분을 받았지만, 피해 여성으로부터 상담을 받았던 소속 과장도 관리 감독자로서 적절하게 대처하지 않았다며 징계 계고 처분을 받았습니다.

이 상사는 상담을 받고 사건을 무시하고 있던 것은 아니었습니다. 가해자 G씨에게 주의를 주었습니다. 그러나 G씨의 행동이 멈추지 않았기 때문에 결과적으로 그 주의는 아무 효과도 없었다는 것입니다. 관리자로서 그만큼의 책임을 완수했다고 할 수 없었기 때문에 처벌 받은 것입니다.

추측하자면 이 상사는 아마도 사태를 제대로 받아들이지 않았을 겁니다. 어차피 비정규직이기 때문에 언젠가는 그만둘 것이라고 얕잡아 보고 있었을지도 모릅니다.

상사로서의 책임 있는 대응이 요구되는 부분입니다.

한편, 상담을 받은 경우 쓸데없이 당사자의 기분을 무시하는 말을 하지 않는 것도 중요합니다. 주위에서 쓸데없는 말을 듣고 문제가 심각해지는 케이스도 있습니다. 문제가 많은 패턴은 '제멋대로의 정의감'입니다.

상담을 받고서 맡겨 달라고 하더니 언급된 남성에게 자기 마음대로 충고를 합니다. 이야기한 본인은 넋두리를 해서 기분을 풀고 싶었을 뿐, 잠시 상황을 보고 스스로 어떻게든 해결할 작정이었다는 경우도 종종 있습니다. 넋두리하다 보니 이야기 흐름상 조금 과장해 말한 부분도 있을지 모릅니다. 그런데 당사자의 동의도 없이 그렇게 제멋대로 일을 저지르는 것은 사태를 엉망으로 만듭니다. 충고를 받은 쪽도 여성 본인으로부터 직접 들은 것이 아니라 제삼자로부터 주의를 받게 된 겁니다. 이후 조치는 어디까지나 당사자의 희망에 따라야 합니다.

물론 제삼자가 중개자로서 의지가 되고 도움을 줄 수 있는 경우도 있습니다. 피해 당사자가 '직접 말하기 어려워서'라고 바란다면, 대신 그 여성의 기분을 전달하여 그녀가 어려워한다는 것, 그녀의 뜻은 당신과 다르다는 것을 알려줍시다. 이때 상대가 단지 여성의 마음을 깨닫지 못해 그랬을 뿐이라는 가능성도 있기 때문에 체면을 손상시키지 않도록 배려하면서도 그녀가 무엇을 싫다고 생각하는지, 무엇이 문제라고 보는지를 확실히 이해시키는 것이 중요합니다.

주변으로부터 이해받지 못하는 것이 사태를 보다 악화시키는 경우는 흔히 있습니다. 가해자 스스로 자초한 결과라 해도 조직이 좀 더 현명하게 대처했다면 좋았을 것이라고 생각되는 케이스는 드물지 않습니다.

● ● ●

누명은 있을 수 없는가?

이 장에서는 성희롱 처벌에는 주위에선 모르는 사실관계가 있다는 점, 그렇기 때문에 '너무 무거운 처분', '누명이 아닐까' 등 가볍게 이야기해서는 안 된다는 것을 이야기했습니다. 그렇다면 성희롱에는 정말로 누명이 없다고 할 수 있을까? 치한으로 몰려 체포된 남성이 '나는 안했어'라고 끈질기게 무죄를 주장해 인정받는 경우는 없나? 사형이나 무기징역 등 무거운 판결이 내려졌지만 오랜 다툼에서 무죄가 증명되어 누명임이 밝혀진 경우도 있는데, 성희롱에 누명이 없다고 왜 단정할 수 있는가?라고 의문이 남을지도 모릅니다.

그러나 치한이나 살인 등의 범죄에서 발생하는 '누명'과 성희롱에서 언급되는 '누명'은 성격이 매우 다릅니다. 치한이라면 만졌는지의 여부, 살인이라면 죽였는지의 여부, 일시의 행위의 사실이 문제시되어 잘못된 판단을 내리는 것이 누명입니다.

그런데 성희롱의 경우, 단시간에 일어난 한 번의 특정 행위에 대해 그 사실이 있었는지의 여부가 치명적인 결정 요인이 되는 경우는 그다지 없습니다. 수개월, 경우에 따라서는 몇 년이나 계속된 기간 중에 어떤 일이 일어났고 어떤 피해가 발생했는지가 문제시됩니다. 한 가지에 대해서만 사실이 다투어지는 것이 아니라 장기간에 걸쳐 쌓인 몇 가지 사실에 대하여 종합적인 판단이 이루어집니다. 그중에 전혀 오류가 포함되지 않는다고는 단언할 수 없겠지만, 종합적인 판단을 뒤집을 정도로 모두 누명이라고도 생각하기 어렵습니다. 재판이 이뤄진 케이스를 보아도 거의 모든 건이 몇 년에 걸친 피해에 대해 소송하는 것으로, 법원 역시 그러한 장기간의 과정을 통해 종합적으로 판단합니다.

또한 중요한 것은 '성희롱을 했다는 것은 사실무근', '처분은 잘못되었다'라고 가해자가 성희롱의 '누명'을 호소하고 있는 경우에도 그것은 종종 사실관계를 문제 삼는 것이 아니라 그러한 사항을 어떻게 평가하는지에 달려 있습니다. 전형적으로는 성관계가 있었다는 것에는 대립이 없지만, 그것이 부적절했는지의 여부를 평가한다는 점에서 조직이 내린 판단이 잘못되었다는 주장입니다. 여성 쪽이 적극적이었다, 합의가 있었다, 그러니 그 성관계는 부적절하다고 할 수 없고 성희롱 혐의는 있을 수 없다는 가해자 측의 평가와 조직이 내린 '사원/교원으로서 부적절한 행위였다'는 평가가 대립하는 것입니다.

가해자 본인과 조직의 평가가 다른 것은 의외로 특별한 일이 아닙니다. 조직은 기업이든 대학이든 조직 특유의 목적에 따라 기능하며, 이 책에서 지금까지 언급한 것처럼 성희롱에 의해 발생할 수 있는 조직에 대한 마이너스 평가, 그리고 그와 마찬가지로 조직의 일원인 피해 여성에 대한 책임도 당연히 고려해 판단을 내립니다. 그 판단은 당연히 가해자 본인의 판단보다 엄격하며, 그것을 '누명'이라고 하는 것은 잘못된 표현입니다.

조직이 내린 판단에는 조직에 따라 편차가 있을 것이고,

같은 조직에서 일어난 사건이라도 경우에 따라 처분이 다를 수 있습니다. 그렇기 때문에 '이 정도의 일이라면 눈을 감는 회사도 있을 텐데 왜 우리 회사는', '그때는 불문에 부쳐졌는데 왜 내 경우만'과 같이 처분이 자의적으로 보이는 면도 있을 겁니다. 그러나 기업의 특성이나 업종에 따라 어떠한 기준을 마련하는지가 다를 것이고, 교육기관이 특히 엄격한 기준을 정하는 것도 당연합니다. 여기에 일반적으로는 성희롱 문제에 대한 사회적 이해가 이뤄짐에 따라서 서서히 엄정한 대응이 취해지게 되었습니다. 그러한 논리나 사회적 배경을 무시하고 '누명'이라고 소란을 피우는 것은 오히려 성희롱 문제에 대한 몰이해를 드러내는 것입니다.

남자가 알아차리지 못하는 일곱 번째 이유

회사에는 회사의
판단 기준이 있다

'시커먼' 것만이 성희롱은 아닙니다. 강제 추행에 해당될
만한 범죄를 저지르지 않으면 오케이라는 방침은 회사의
품위를 의심하게 합니다. 시커멓지 않아도, 회색이라 해도
제대로 대처해 나가는 것이 향후의 성희롱 방지에 도움이
됩니다.

나중에
소송당하지
않으려면
- 소송당하면
어떻게
할까?

●●●

인정해야 하나 말아야 하나, 사과할까 말까

지금까지 어떻게 하면 성희롱으로 소송당하는 일을 막을까, 그런 상황에 빠지지 않기 위해서는 어떻게 하면 좋을까, 이런 점들에 대해 7장에 걸쳐 교훈을 쌓았습니다.

그러나 예방책은 이미 때가 늦은 경우도 있을 겁니다.

이 책의 마지막에는 특히 연애 문제가 얽힌 성희롱으로 소송당할 경우에 대비한 구체적이고 실용적인 조언을 하고자 합니다. 당사자가 되지 않더라도 상사나 친구로서 도움이 되어 주세요.

먼저 성희롱을 했다는 말을 듣게 되면 이를 인정해야 할까요, 인정하지 말아야 할까요?

확실히 사과하는 것이 타당한 선택입니다. 이 책을 여기까지 읽으신 독자 분들은 아시겠지만, 사건의 경중이 있더라도 사과한다고 해서, 자신이 했던 일을 인정한다고 해서 반드시 큰 사건이 되어 범죄자나 가해자 취급을 당하는 건 아닙니다. 오히려 '내 잘못이 아니다', 'NO라고 확실히 말하지 않았으니 합의였다'고 정색하는 태도가 상대 여성의 분노를 사고 일이나 학업을 계속할 수 없게 된다는 절망감에 빠뜨려 피해 감정을 크게 증폭시킵니다. 나는 그럴 의도가 아니었는데 상대방의 기분을 오해해 그런 행동을 해서 미안하다, 앞으로는 그런 일이 반복되지 않을 것이다, 라고 성실하게 사죄하는 것이 가장 좋습니다.

대부분의 남성은 그렇게 인정하거나 사과하면 범죄가 되거나 돈을 요구받거나 할지도 모른다, 그러니 전혀 인정하지 않는 것이 상책이라고 생각해 버리는 것 같습니다.

그래도 성희롱에서 상대는 부하 직원이거나 동료이거나 지도학생이거나 업무상 관계가 있는 여성입니다. 원래 남성과 협력 관계이거나 도움을 주고받는 사람들입니다. 진실한 사과가 전혀 통하지 않는 것은 상당히 심한 일을 겪은 경우를 제외하면 별로 없지 않을까요?

●●●

이유도 모르고 사과하는 것은 역효과

그래도 신경을 써야 할 점은 '그렇다면 무조건 머리를 숙이는 것이 좋겠다'는 태도입니다. 마음속엔 '나를 성희롱으로 소송하다니'라고 상대 여성에 대한 분노가 가득 차 있는데, 말로만 사과하는 것은 역효과를 불러일으킵니다. 그런 형식적인 사과는 여성이 더욱 싫어하는 부분입니다.

자신이 무엇을 오해하고 있었는가, 상대 여성은 무엇을 불쾌하게 느꼈거나 화를 내고 있는 것일까를 충분히 이해한 뒤 사과하세요.

이 책에서 거듭 언급해 왔던 것처럼 내재되어 있는 둔감함 때문에 여성의 분노나 당혹감이 남성에게는 좀처럼 확와 닿지 않습니다. 따라서 주변의 조언이나 어드바이스를 받을 필요도 있습니다.

　그래도 아마 가해자의 대부분은 마음속 깊이 내가 나빴다고는 생각할 수 없을 겁니다. 옛날이 좋았다, 이렇게까지 신경을 써야 하나, 여자가 어떻게 이렇게 건방져진 것인가, 라는 등의 불만이 완전히 사라지지 않을 테지만, 현대사회의 업무 환경이 변화했다고 납득하는 수밖에 없습니다. 그리고 그러한 변화는 남성에게 손해만을 강요하는게 아니라는 점을 생각해 주세요. 중년의 남성은 생각조차 못했던, 여성의 관점에서 개발된 상품이 자신의 회사에서히트 상품이 된 적은 없습니까? 원래 여성 소비자는 중요한 고객층이 아닙니까? 게다가 그렇게 사회와 직장이 변화한 쪽이 자신의 딸이나 장래 자손들의 활약의 기회를 늘린다고 생각하면 기대되지 않습니까?

　물론 중요한 것은 반성하고 반복하지 않는 것. 아무리 진심으로 사과했다 해도 반성하지 않고 또 반복한다면 진심어린 사과는 아무 의미가 없습니다. 유감스럽지만 가해자는 자주 희롱 행위를 반복합니다. 자신의 행동 패턴을점검해 보세요.

●●●

사귀어야 할까 사귀지 말아야 할까?

지금, 자신의 부하 직원이나 자신의 감독 아래 있는 파견 사원, 지도하는 학생에게 호의를 갖고 접근하려는 남성도 있을 겁니다. 쓸데없는 말 같지만, 저는 '좀 괜찮은데', '한 번 꼬셔보고 싶다' 정도라면 지금 그만두길 추천합니다.

이 책에서 아셨듯이 그러한 관계에 있는 여성과의 교제는 서로가 호감이 있어 처음에 잘 진행되는 것처럼 생각되어도 위험합니다. 이 책이 '불륜'은 좋지 않다는 도덕적 관점을 내세우고 있지는 않지만, 기혼자라면 더욱 그러합니다.

그런 가벼운 기분이 아니다, 진지하게 교제하고 싶다고 생각한다면 잠시 기다릴 수는 없나요? 여성이 파견이나 계약 기간이 끝나서 당신의 감독 권한 밖으로 벗어날 때까지, 졸업이나 수료를 해 당신의 지도 학생이 아니게 될 때까지 기다려 그 후에 접근합시다. 정말로 진지한 마음이라면 그 정도는 기다릴 수 있지 않을까요?

만약 기다릴 수 없다면, 그것은 자신의 감독을 벗어나 다른 회사에서 일하게 된 후엔 접근하기 어려울 거라 생각하기 때문은 아닌지 자신에게 물어보세요. 만약 그렇다면 그것은 틀림없이 상사 및 감독자로서의 힘을 이용해 그 여성에게 접근하려는 것입니다. 성희롱이라고 책망당할 우려가 충분히 있습니다. 자신의 업무상의 힘을 직접 과시해 여성과 교제하고자 하는 생각은 성희롱주의보라는 것을 잘 알아 두세요.

그래도…라는 분은 앞에서 언급했던 '사내 연애의 세 가지 철칙' 준수를 추천합니다.

●●● 결혼하면 OK?

상대가 부하든 학생이든 '책임'지면 된다고 생각할지도 모릅니다. 트러블이 되기 시작하면 성희롱이라고 소송당하기 전에 '결혼'이라는 으뜸 패를 사용하면 된다고.

실제로 제가 아는 업계의 거물로, 결혼과 이혼을 몇 번이나 반복하고 두 번째 결혼부터는 상대가 전부 제자인 선생님도 계십니다. 정말 어려운 문제라고 생각하지만, 불륜 관계가 파탄 나면 성희롱으로 바뀌는 경향이 있는 것은 사실입니다. 이를 피하기 위해선 트러블이 심각해지기 전에 결혼해 버리는 것도 방법일 겁니다. 하지만 이것은 경제적으로도 정신적으로도 강하지 않으면 할 수 없는 방법입니다. 현재의 아내와 잘 헤어지는 역량도 필요하기 때문에 대부분 초인적입니다.

여기에 최근에는 '결혼으로 책임진다'는 방법이 통용될지 의문입니다. 최근 여성들의 입장에서 결혼은 인생의 최종 목적이 아닙니다. 여성이 나중에 성희롱이라고 소송할 때 그것은 남성이 방해한 커리어나 학업의 길을 되찾기를 요구하는 것으로, '결혼'으로 어물쩍 넘길 수 있다고는 생각할 수 없습니다. 방금 소개한 거물은 이미 90세 가까운 고령자입니다. 그가 살아온 시대에 허용된 산물일 테죠.

💬💬💬

지금 연애 중, 어떻게 하면 좋을까?

지금 그러한 '요주의' 상대와 연애 중. 아직 사랑싸움의 영역이라고는 생각하지만, 요즘 심각해지는 일도 있고 해서 이별이 가까운 것 같다, 나중에 성희롱이라고 소송당하지 않기 위해서는 어떻게 하면 좋을까?

나에게 설마, 라고 생각하는 남성도 다음의 사항에 짐작가는 것은 없는지 살펴봅시다.

먼저 자신과의 교제로 상대 여성은 커리어나 학업상 불리해지지 않았습니까? 사귀고 있었기 때문에 포기했던 업무상의 기회, 뜻대로 되지 않았던 업무는 없나요? 주의할점은 남성의 기준으로 생각하지 않을 것. 남성은 상대 여성에 비해 업무 능력도 뛰어나고 경험도 풍부합니다. 남성의 입장에서는 취할 가치조차 없는 것도 여성의 입장에서 보면 다릅니다. '그런 거 그만둬'라고 무심코 이야기했던 일도 여자의 입장에선 큰 기회였는데 남자 때문에 잃었다고 기억되는 경우가 충분히 있을 수 있습니다.

그렇기 때문에 교제 전의 시점과 비교하여 여성의 업무상 지위나 입장은 나빠지지 않았습니까? 교제를 시작했을 때에는 정사원이었는데 지금은 파견으로 일하고 있어 불안정한 입장이거나 유망한 대학원생이었는데 지금은 앞이 보이지 않는 고학력 워킹푸어는 아닌지요? 그렇다면 상당히 위험합니다.

그 변화는 내 탓이 아니라고 남성은 생각할 겁니다. 그녀에게 '실력'이 있으면 달랐을 거야, 거기까지 내 탓으로 해 버리면 참을 수 없어. 이렇게요.

그래도 대부분의 경우 여성을 설득하려면 상대의 업무 능력이나 센스를 칭찬해 접근하는 게 좋겠다, 연애가 진행되는 기간에는 더욱 그렇다, 자신은 '너에게는 장래성이 있어'라고 여성을 치켜세우고 여성은 존경하는 상사 및 교수가 그렇게 말해주니 기뻐서 관계가 깊어졌던 건 아닙니까?

그러한 칭찬하는 말은 있는 그대로 말하면 마음에도 없는 작업 멘트였을지도 모르고, '매력 포인트', '제 눈에 안경'으로 남성이 실제 그렇게 생각했던 시기도 있어 그렇게 이야기할 만 했을지도 모릅니다. 그래도 교제가 끝나려 하는 지금, 풍족하지 못한 상황에 있는 그녀에게 자신이 과거 했던 말을 완전히 잊고, 네 실력이 없었기 때문이다, 내 탓이 아니다로 정리하는 것은 무슨 태도일까요? 그런 태도가 상대 여성에게 피해 감정을 갖게 하여 성희롱이 되는 것입니다.

●●●

그녀의 인생을 응원한다

교제가 파탄 났다, 감정이 식었다는 것은 어떠한 교제에도 으레 따르기 마련입니다. 그 자체가 나쁜 건 아닙니다. 그래도 상대가 자신의 부하 직원이나 감독 하의 여성, 지도하는 학생인 경우라면 일반적으로 그 이상의 성실함과 배려가 필요합니다.

그러한 상대와 헤어지려 하고 있다면, 아직 그렇지 않더라도 언젠가 헤어지게 될 것 같다면 자신과의 교제 때문에 그녀의 커리어나 인생 설계에 마이너스가 된 점은 없는지 여성의 시선에서 제대로 체크해 봅시다. 만약 짐작 가는 점이 있다면 성실하게 사죄합시다. 그리고 그녀의 앞으로의 인생이 잘 진행되도록 응원합시다.

그렇게 하고 싶어도 내 입장 때문에 할 수 없다, 무리한 요구다…라는 대답이 돌아올 것 같습니다. 그래도 정말로 그럴까요? 사귀는 동안은 그녀와의 관계를 아내나 가족에게는 물론 주위에 알려지지 않도록 상당한 무리와 노력을 거듭해 왔을 것입니다. 자신의 감정이 뜨거울 때에는 그렇게 무리를 했는데 감정이 식은 지금 완전히 냉담해져 '무리'라고 말하는 건 아닌가요? 그녀의 인생을 위해서 해줄 수 있는 게 있는데 귀찮아진 건 아닌가요?

결과적으로 그녀가 바라는 100퍼센트를 실현할 수 없다 해도 그녀의 인생에 책임감을 갖고 응원해 주고자 하는 성실함이 전해지면, 그녀에게 교제가 후회스럽거나 분노가 되는 일은 없을 것입니다. 하물며 성희롱이었다고 느끼지 않을 겁니다.

그리고 지금, 헤어지고자 하는 이유가 새로운 교제 상대 때문이라면 이것은 정말로 적신호가 깜빡이는 위험 상황입니다. 교제 상대를 '갈아타는' 것은 일반적으로 나쁘다고는 할 수 없을 것이고 실제로 자주 있는 일이지만, 지금의 교제 상대가 부하 직원이나 지도 학생이고 다음 상대도 같은 입장의 여성이라면, 이는 필연적으로 여성의 분노를 삽니다. 실제로 성희롱 재판에서는 여성이 '내가 겪은 피해가 또 반복되는 것은 참을 수 없다'고 호소하는 사례가 자주 있습니다.

새로운 상대에게 완전히 빠져 있으면 그러한 여성의 태도는 '버려진 것에 대한 원망', '상대를 갈아탄 남성에 대한 화풀이'로밖에 보이지 않습니다. 지금 그녀가 어찌 되든 상관없어, 거추장스럽지 않도록 빨리 사라져 주길 바란다는 게 진심일 테죠. 하지만 이 책에서 누누이 말했듯이 자신이 감독 및 지도의 책임을 가지고 있는 부하 직원이나 학생에게 '손을 대어' 사귄 것은 자신의 직업상의 힘을 남용해 온 것입니다. 그 대가는 비쌉니다. 상하 관계, 힘 관계를 이용해 온 남성 쪽이 '연애가 끝나고 헤어지는 것뿐인데 뭐가 나빠?'라고 정리해 버리면 위험 수위는 점점 더 높아집니다. 말해도 소용없을지 모르겠지만, '성희롱으로 소송당하지 않기' 위해서라도 성실하게 상대의 기분을 마주하고 그녀의 인생을 응원할 것을 명심하세요. 자칫하면 스스로의 미래를 뒤흔드는 수렁에 빠질 수 있기 때문입니다.

●●● 소송당하면

직장이나 대학교의 상담 창구에 여성이 달려가 소송이 시작되는 경우가 있습니다. 그러한 조직 내의 해결을 시도하지 않고 변호사에게 직접 상담하는 여성도 있습니다. 상대 남성에게는 인사과장이나 상담실로부터 호출이 옵니다. 변호사로부터 내용증명의 문서가 도착합니다. 집에 있던 아내가 이를 받아 보고 도대체 뭐야, 라고 벌써 소동이 시작될지도 모릅니다. 아닌 밤중에 홍두깨로 깜짝 놀라든, 아 역시 올게 온 것이든 남성의 입장에서는 이 책 제3장에서 언급했듯이 '악몽의 시작'입니다.

　여기서 호출이나 문서를 무시하고 시치미 떼고 싶더라도 그건 상책이 아닙니다. 내용증명의 우편을 수취하지 않으면, 받아만 두고 무시하고 있으면 상대 변호사는 이번에는 남성의 직장에 문서를 보내거나 연락을 해 옵니다. 더이상 교제할 수 없다고 헤어지면, 상대는 이미 소송을 단행할지도 모릅니다. 직장 사람들에게 알리고 싶지 않다면, 갑자기 법원에 불려가고 싶지 않다면, 빨리 문서를 수취하고 상대 변호사에게 연락하는 쪽이 훨씬 낫습니다. 상담실이나 인사과의 호출을 무시하고 있으면 직속 상사에게 연락이 갈 뿐입니다. 시치미를 떼고 싶은 기분은 간절하겠지만, 그러면 문제를 악화시킬 뿐입니다.

인사과나 상담실로 향하거나 혹은 상대방의 변호사와 연락을 취해 여성의 소송 내용을 알게 되더라도 이 단계에서 여성 쪽의 소송을 납득하고 인정하여 사죄한다는 남성은 확실히 말해 거의 없습니다. 그것은 성희롱의 경우 사실과 동떨어진 소송이 흔히 있기 때문이 결코 아니라 이 책에서 상세히 보아온 것처럼 한 가지 사실, 사태를 보는 눈, 받아들이는 방법, 해석의 방법이 당사자 간에 크게 다르기 때문입니다. 인간관계나 커뮤니케이션에서 서로의 의도 차이나 엇갈림은 당연하지만, 성희롱에서는 그것이 매우 다른 형태로 나타나 문제가 됩니다.

따라서 남성의 입장에서는 상대 여성의 주장은 '말도 안 되는 착각', '거짓말'로 보입니다. 하지만 소송은 그 여성의 피해망상이고 나에겐 잘못이 없다고 단순하게 생각하는 것은 해결에 아무런 도움이 되지 않습니다. 남성에게는 보이지 않았던 사실, 지금까지는 볼 필요도 없었던 두 사람 관계의 또 다른 현실이 거기에 있는 것입니다. 여성에게 소송당한 지금, 남성은 이것을 받아들이고 그녀의 시선에서 두 사람의 '연애'나 관계에 대해 냉정하게 재고할 것이 요구됩니다.

그러나 여기까지 생각이 미치지 못한 남성은 화를 내고 이성을 잃습니다. 귀여워하고 즐거운 추억도 함께 만들어 온 상대가 이런 '배신'을 하다니, '믿는 도끼에 발등이 찍힌' 기분도 들고 화가 나서 어쩔 줄을 모릅니다. 첫째로 인사과나 대학교 상담실 등에서 '가해자' 취급을 당한다는 점에서 자존심에 큰 손상을 입습니다. 상담만 받았을 단계에서 당신을 '가해자' 취급하고 있는 것은 아니라고 담당자는 말하지만, 아무래도 그런 느긋한 기분은 들지 않습니다.

여성이 직접 변호사에게 상담하고 변호사로부터 '대리인' 명의로 남성에게 소송 정보가 도착하는 경우는 특히 여성이 말한 스토리가 남성을 고소하는 '사실'로 기재돼 있습니다. 자신이 극악한 '성희롱 가해자'의 모습으로 그려져 있는 것에 깜짝 놀라서 이 이야기가 그대로 통용되어 버리면 어쩌나 새파랗게 질립니다. 따라서 남성은 반격을 시작하려 합니다. 그런 이야기는 사실무근이다, 그녀가 말하고 있는 것은 허튼소리다, 라고.

　　그런 기분은 충분히 이해할 수 있습니다. 하지만 여기는 가장 냉정함이 필요한 부분입니다.

　　먼저 그 여성을 공격하는 건 그만둡시다. 이것은 매우 중요한 점입니다. 소송당한 남성 중에는 상대 여성의 소송에 반론하고 싶어서 상담 및 고충 처리 담당자에게 얼마나 그녀의 소송이 허위인지를 증명하려 하고, 원래 그 여성은 인격이 파탄되어 있다, 아주 병적인 문제 인간이다, 라고 말하는 등 격한 태도를 취하는 사람이 있습니다. 또 담당자뿐만 아니라 자신 주변의 제삼자에게도 그러한 '정보'를 흘립니다. '말도 안 되는 소송에 휘말렸다, 그녀는 자신의 호의를 곡해해서 원한을 품고 있는 이상한 사람이다'라는 말을 사방에 퍼뜨리기조차 합니다.

　그러나 이것은 심한 역효과를 불러일으킵니다. 남성 자신이 상처 입게 되는 행동입니다.

●●● 성희롱 피해는 진행 중

자신의 몸을 지키고자 필사적으로 자기를 변호하는 기분
은 압니다. 조금 과한 비유지만, 살인이나 절도 등 까닭 모
를 범죄를 묻게 되었다면 그러는 것이 당연하겠죠. 그러나
여기에는 큰 차이가 있습니다. 그것이 살인이나 절도라면
일이 이미 끝났지만, 성희롱 소송을 한 여성에게 피해는 아
직 진행 중이라는 것입니다. 남성과의 관계 때문에 정신적
인 타격을 입고 나서 자신의 커리어, 인생이 심하게 손상되
었다고 그녀는 호소하고 있으며, 관계는 과거의 일이 되어
버렸다고 해도 그녀가 느끼는 피해는 현재도 계속되고 있
습니다. 만약 그 피해도 지나간 일이라 생각한다면, 그녀는
굳이 성희롱 소송을 하지 않았을 겁니다.

그렇기 때문에 남성이 상대 여성을 공격하면 할수록 그 피해는 더욱 증폭됩니다. '저 여성은 인격 파탄자', '말도 안 되는 거짓말쟁이'. 남성이 내뱉는 이런 말은 주위에 확산됩니다. 남성은 회사에서 그만큼의 무게가 있는 지위에 있고 부하 직원이나 주위에 영향력이 있습니다. 교수라면 선생님을 존경하는 학생들이 주변에 있을 것입니다. 그러한 사람들은 남성 쪽에 서려고 하고, 이 말을 진지하게 받아들여 – 빈번하게는 더욱 과장하여 – 그녀를 공격하고 모욕하는 말을 또 그 주위에 퍼트립니다. 그리고 그 말은 몹시 무책임한 소문이 되어 인터넷상에도 퍼지고 연쇄적으로 확산됩니다.

이리하여 이미 성희롱으로 괴로운 마음을 갖고 있던 여성에게 사태는 더욱 악화되고 그녀의 인생, 장래는 더욱 어두워집니다. 인터넷을 포함한 주위의 악의적 소문이나 중상으로 인해 심각한 우울증 등 정신적인 병리상태에 빠지는 경우도 드물지 않습니다. 그녀가 호소하던 '성희롱'에 남성의 책임이 얼마나 있는지 판단하기도 전에 그녀의 피해 감정, 성희롱으로 발생한 피해 사실은 증폭되어 되돌릴 수 없는 곳까지 가 버립니다. 남성이 성희롱을 했다는 혐의를 벗고자 자기방어를 하는 것이 오히려 틀림없이 심각한 희롱이 되어 버리는 것입니다. 자신이 적극적으로 소문을 퍼트리려 한 것이 아니라도 소문이나 중상으로 그녀는 직장이나 학교에도 갈 수 없는 최악의 상태가 되어 있을 것입니다. 그렇게 되면 조직에 의해 성희롱 조사가 이루어질 때, 그녀의 상태가 고려 대상에 포함되어 남성의 입장에서 더욱 불리한 결과를 낳을 가능성도 큽니다.

'살인', '절도'와 같이 온당하지 못한 비유를 앞에서 했지만, 또 적절치 않은 비유를 굳이 들자면 성희롱을 호소한 상대 여성에게 이성을 잃고 인신공격을 하거나 비난을 유포하는 것은 이미 피해가 발생하고 의혹이 나오고 있음에도 불구하고, **유해물질을 그대로 계속 흘려보내 피해를 더욱 크게 만드는 공해 기업**과 같습니다. 성희롱으로 소송당해 좀처럼 침착해질 수 없는 것은 이해하지만, 그렇게 되면 상대 여성뿐 아니라 남성 자신에게도 불행입니다.

●●●

무엇이 문제였는지 이해한다

그리고 여성은 무엇을 호소하고 있는가, 조직은 무엇을 문제 삼고 있는가를 냉정하게 이해해야 합니다.

우선은 앞에서도 썼듯이 여성의 시선에서 그녀와의 '교제' 경위를 생각해 보세요. 지금까지 보이지 않았던 것이 거기에는 있을 겁니다. 인정하기 괴롭겠지만, 사태를 진흙탕으로 만들지 않기 위해서는 어쩔 수 없습니다.

조직은 도대체 무슨 이유로 남성의 행동을 성희롱으로 문제시할까요? 조직은 결코 여성의 호소를 무조건 받아들이는 것이 아닙니다. 회사나 대학의 입장에서 성희롱 대응은 조직의 위험관리 사항입니다. 상대 여성이 학생이나 고객, 거래처의 사원이었다면 성희롱에 무른 대응을 하는 것은 거래처나 감독 기관으로부터 마이너스 요인이 됩니다. 문제가 드러나면 기업 이미지에 손상을 입을 우려도 있습니다. 사내나 학내에서 이 문제를 받아들이는 방법에도 배려가 필요합니다. 성희롱 대응을 위해 발생하는 인사관리 비용도 문제이며, 해결에 이르기까지 걸리는 시간은 담당자로서의 평가와도 관계됩니다.

여성의 소송에 귀를 기울여 여성을 '구제'하는 것 이상으로 조직은 조직으로서의 합리적인 문제 해결을 요구합니다. 제7장에서 서술했듯이 성희롱 사안에 대응할 때 조직이 사실을 어떻게 평가하는지가 결정적입니다. 남성은 상대 여성과의 성관계가 합의였는지의 여부가 결정적이라 믿고 합의의 '증거'를 모아 이것이 성희롱일 리 없다고 주장하지만, 회사 입장에서의 견해는 다릅니다. 여성의 동의가 있었든 없었든 간에, 파견 사원과 사적인 관계를 맺고 편의를 제공하고 있었던 것은 회사에 대한 배신, 불필요하게 출장에 여성 사원을 수행한 근무 태도의 문제, 교육 및 연구의 장으로 제공된 연구실에서 여성과 성적 관계를 가졌다는 점이 문제가 되는 것입니다. 그러한 일탈 행동을 한 데다 상대 여성으로부터 강압에 의한 관계였다고 소송당한 남성을 조직이 엄격한 시선으로 보는 것은 당연합니다. 이에 대하여 '누명'이라고 하는 것은 번지수가 틀렸습니다.

●●●
복잡해지는 성희롱 사안 – 대항 소송

성희롱이라고 소송당하여 조직에서 조사가 이루어져 처분이 내려진 후에도 인정하지 못하거나 처분에 납득하지 못하는 가해자도 적지 않습니다. 진심으로 반성하는 사람은 유감스럽게도 거의 없거나 극소수일 것입니다. 마음속에 불만을 안고 있는 것은 어쩔 수 없다 해도 상대 여성에게 그 화살을 돌리는 것은 오히려 자신을 위험에 노출시키는 행위입니다. 이는 처벌 받은 후라도 마찬가지입니다. 하물며 '인사과의 판단은 잘못되었다', '○○부장파와 ○○전무파의 대립 때문에 당했다' 등 조직을 비판하는 목소리를 높이면 '결백'이 되기는커녕 역효과가 됩니다. 새로운 마음가짐으로 업무에 성실히 힘쓰는 쪽이 훨씬 바람직합니다.

그러나 소수이기는 하지만, 조직의 처분이나 판단이 부당하다고 철회를 요구하며 회사나 대학을 상대로 소송하는 케이스도 있습니다(공무원이라면 인사원이나 인사위원회 등에 대한 불복신청). 또한 성희롱이라고 소송한 여성 본인을 명예훼손이나 무고죄로 고소하는 케이스, 조직과 여성 양쪽을 고소하는 일도 있습니다.

물론 자신이 현재 근무하는 조직을 고소하기란 장벽이 높기 때문에 일반 기업의 경우 대항 소송이 일어나는 건 대부분 해고 처분 후의 처분 취소 소송이지만, 공무원이나 대학교수의 경우 정직 및 계고 등 비교적 가벼운 처분으로 근무를 계속하는 경우에도 자주 일어납니다. 자신의 회사를 고소하는 건 샐러리맨이라면 좀처럼 감행하기 어려운데, 공무원이나 대학교수의 대담함이 두드러집니다(자세한 내용은 무타 카즈에 〈'감축(縮減)'된 의미와 문제 – 성희롱과 법·제도〉, 《포럼 현대사회학》, 제3호, 2004, 〈성희롱과 사회통제〉, 호우게츠 마코도(宝月誠)·신도우 유죠(進藤雄三)편, 《사회적 통제의 현재 – 새로운 사회적 세계의 구축을 목표로》, 세계사상사, 2005 참조).

재판을 받는 것은 헌법에서 보장된 국민의 권리이기 때

문에 소송을 비판할 수는 없습니다. 그래도 소송을 한 여성의 입장에서 보면 피해가 인정되어 드디어 일단락된 문제가 재차 되풀이되어 법정에서의 다툼에 휘말리고, 경우에 따라서는 피고의 입장에 서게 되는 것이기 때문에 그 고통이 큽니다. 조직의 입장에서도 담당자나 책임자가 피고석이나 증언대에 서게 되고 긴 법정 분쟁을 해야 하기 때문에 비용도 막대합니다.

그만큼의 리스크를 안고 다투려는 데에는 자신의 체면, 자존심을 어떻게든 지키고 싶기 때문일 것이라고 생각합니다. 첫째로는 국제적인 명성이 있거나 TV에도 자주 등장하는 유명인의 경우가 있습니다. 그들의 입장에서는 아무리 돈이나 시간을 들여도 철저하게 싸우고, 완전한 결백을 증명할 수 없다 해도 '처분에 의문스러운 부분이 있었다' 정도의 언질을 법원에서 얻을 수 있다면 승리와 다름없이 자신의 명성을 유지합니다. 이런 유명인은 아무런 지위도 힘도 없는 여성이 자신을 상대로 성희롱이라며 싸움을 걸어 온 것에 헤아리기 어려울 정도의 분노를 느끼고 있을 겁니다.

한편, 실례의 말이지만 그만큼의 명성도 지위도 없는 사람이 노력하는 경우가 있습니다. 제가 지금까지 법정 등에서 보아온 바로는 그러한 케이스에서는 아내의 '활약'이 눈에 띕니다. 법정에서는 방청석의 맨 앞좌석에 자리 잡고, 상대 여성과의 관계를 부정하는 남편의 증언에 내 일인 것처럼 수긍하고, 그 여성을 뱀이나 전갈처럼 노려보는 아내의 모습을 목격한 적이 한두 번이 아닙니다. 소속 조직을 상대로 해서까지 재판을 걸어 '성희롱' 사실이 없었다고 증명하고 싶은 것은 가해자 본인이 아니라 오히려 아내인 건 아닌지 하는 생각이 들었습니다.

만일 성희롱으로 처벌을 받았지만, 이에 납득할 수 없어 결백을 증명하기 위해 싸우고 싶다면 지켜야 하는 자신의 체면, 자존심에 어느 정도의 비용을 지불해야 하는지 냉정하게 계산해 보세요. 여기에 지키고 싶은 체면은 오히려 아내나 아이에 대해서는 아닌가요? 가족에게 잘 보이기 위해 '결백'을 증명하고 싶은 게 아닌가요? 하지 말라고는 말하지 않겠지만, 성희롱 사안의 경우 조직을 상대로 싸우는 것은 조직을 아주 성가시게 만들고 자신의 커리어를 결국 헛되게 만드는 자살행위입니다. 정말로 이런 결과를 바라는지 잘 생각해 보세요.

체면을 지키는 것은 중요합니다. 그래도 일체 자신에게 잘못이 없었다고 주장하고, 회사나 주위에 폐를 끼치는 것은 오히려 체면을 손상시킵니다. 양보할 부분은 양보하고, 성실하고 유연하게 대응하는 것이야말로 남성의 체면을 지켜주는 것이 아닐까요?

●●●

변호사를 선택한다

끝까지 싸우겠다면 말할 필요도 없지만, 그렇지 않더라도 가능한 한 상처를 적게 하여 해결하고 싶다면 변호사에게 상담하고 대리인에게 교섭을 맡기는 것도 생각할 수 있는 선택지입니다. 다만, 변호사는 만능이 아니며 만능은커녕 특히 남성 변호사 중에는 성희롱 문제에 대한 이해가 얕은 사람도 있기 때문에 주의할 필요가 있습니다. '상대 여성도 합의했었어요', '성인 사이의 교제였어요'라고 남성이 설명하면, '그게 성희롱이라니, 말도 안 되는 이야기네요', '요즘에는 그런 비상식적인 여성이 있으니까요' 등으로 맞장구를 쳐 주는 변호사도 있습니다. 잘 알아준다! 라며 기뻐질지도 모르겠지만, 그런 변호사는 주의해야 합니다. 여성 차

별 의식에 집착해 전혀 문제를 이해하지 못할 가능성이 큽니다. 그런 변호사에게 맡기면 발목이 잡혀 말도 안 되는 상황을 맞이합니다.

꽤 오래전이지만, 제가 관여했던 성희롱 소송에서 놀란 경험이 있습니다. 그 케이스는 여성이 성희롱당하는 고충을 말해 트러블을 일으켰다는 이유로 오히려 회사에서 해고되어 이것이 부당하다며 가해 남성과 회사를 상대로 소송을 한 것입니다. 그 재판에서 증언에 섰던 회사의 인사담당 임원은 '남성 쪽이 나쁘다는 것은 알고 있었지만, 남성을 그만두게 할 수는 없기 때문에 그녀를 그만두게 했습니다'라고 당당하게 법정에서 말했습니다. 그 임원은 매우 정직하게 이야기했을 테지만, 여성을 퇴직으로 내몬 것이 여성 차별이자 성희롱이라고 호소하는 소송에서, 이렇게 노골적인 차별 발언을 할 줄은… 벌어진 입이 닫히지 않았습니다. 여기에 법관의 심증이 악화된 것은 틀림없습니다.

이상한 것은 회사 쪽 변호사입니다. 왜 그런 말을 하면 불리하다고 임원을 설득하지 않았을까. 준비 부족으로 그런 증언을 하게 만든 것이라면, 변호사의 업무상 과오라 해도 좋을 정도입니다. 하지만 나중에 알게 된 바에 따르면, 원래 변호사는 그 소송의 의미를 알지 못하고 있었습니다. 단순한 남녀의 언쟁에 불과한 사건, 이런 것을 소송하다니, 라고 얕잡아 보고 있던 행적도 역력했습니다. 소송은 여성의 승소로 끝났지만, 몇 가지 승리 원인 중엔 상대 변호사의 실책이 있었음이 틀림없습니다. 여성 쪽에 있던 사람의 입장에서 고맙기는 하지만, 피고 남성이 다소 불쌍하다는 기분마저 들었습니다.

이렇게 심하지 않아도, 오늘날에도 성희롱에 이해가 없는 변호사는 있습니다. 오랫동안 성관계를 갖던 여성 부하 직원으로부터 성희롱으로 소송당한 중간관리직 남성은 그 관계 덕분에 부서 내에서 분쟁이 일어났고, 회사로부터는 '어떻게 그런 불륜을 저지를 수 있나'라고 노여움을 샀습니다. 가해자 본인은 가만히 있었는데, 남성 쪽 변호사가 여성의 성희롱 소송이 '남성에게 새로운 연인이 생긴 데 대한 화풀이다'라고 주장한 덕분에 남성에 대한 회사의 인식이 더욱 나빠진 케이스도 본 적이 있습니다. 그 변호사는 '연애였으니까 성희롱일 리가 없다'고만 주장하면 남성에게 책임을 묻지 못한다고 단순하게 생각했을 겁니다. 이것도 스스로 뿌린 씨라고는 하나, 가해 남성이 조금 불쌍했던 케이스였습니다.

이에 대해 일단 이해가 있다 해도 이론과 실천은 다른 것입니다. 실제로 자신의 변호사 사무실의 여성 직원으로부터 성희롱으로 소송당한 변호사는 여럿 있습니다. 변호사에게 상담한다면, 변호사 자격이나 경험을 제대로 살펴보세요.

재판을 하지 않더라도 상대와의 교섭에서 변호사는 유용합니다. 상대가 요구하는 '성실한 사죄'는 당사자 본인에게는 하기 어려운 것입니다. 그래도 여기까지 언급해온 것처럼 가장 바람직한 것은 상대와의 신속한 문제 해결입니다. 성실하게 대응해야 한다고 입이 닳도록 이야기해 온 저의 입장에서 이렇게 말하는 것도 좀 그렇지만, 아무래도 '성희롱을 했다'고 인정하고 싶지 않다면, 다소 애매하거나 추상적인 문장으로 상대의 납득을 얻을 수 있도록 하는 방법도 있습니다. 해결 후에는 제삼자에게 일절 말하지 않도록 약속을 요구하는 것도 가능합니다. 상대 여성에게 지불하는 위자료는 확실히 뼈아플지도 모르지만, 그녀에 대한 사죄를 위해서뿐만 아니라 자신의 인생을 지키기 위해서라고 생각하면 그 의미가 달라질 겁니다. 어느 경우든 트러블을 장기화시키지 않고 끝내는 타협점, 가능한 한 체면을 지키면서 해결할 수 있는 길이 있습니다. 이때 대리인으로서 냉정하고 침착하게 상대와의 교섭을 해 주는 변호사는 도움이 됩니다.

변호사의 도움이나 돈을 사용하여 '해결'할 수 있었다면, 그러한 일은 이미 잊고 싶어질 겁니다. 그래도 중요한 것은 두 번 다시 성희롱을 반복하지 않는 것입니다. 실제로 성희롱을 반복하는 남성은 적지 않습니다. 아픈 경험이기는 해도 정면으로 마주하여 앞으로의 인생에 활용하길 바랍니다.

나의 성희롱 2차 피해 체험기
—후기를 대신하여

본문에서도 말한 것처럼 저는 아직 일본에서 성희롱이라는 단어도 개념도 없을 때부터 성희롱 문제에 직면하여 연구 및 실천의 양면에 관여해 왔습니다. 주제넘기는 하지만, 성희롱 문제에서는 그만큼 전문가입니다.

그런 제가 성희롱 '2차 피해'를 당했습니다.

성희롱 2차 피해라고 하면 첫 번째 의미로는 성희롱 피해를 당한 사람이 그 피해를 소송했다는 이유로 압력을 받거나, 프라이버시를 침해당하거나, 더 나아가 위협에 노출되고, 문제의 상대뿐 아니라 주위 사람들이나 관계자로부터 심한 취급을 당하는 등 새로운 피해를 입는 것을 말합니다. 그런데 저의 경우는 그러한 것과는 조금 달리 업무상 관계에 있던 사람이 일으킨 문제의 여파로 직업적이고 정신적인 피해를 당했던 것입니다. 그렇기 때문에 '2차 피해'라고 하기보다는 '파생적 성희롱 피해'로 부르는 것이 정확할지도 모르겠습니다.

경위는 다음과 같습니다.

시작에서 완성까지 상당한 기간이 걸리는 대규모 출간 프로젝트. 저를 포함한 여러 명의 연구자가 편집위원 업무를 진행하고 있었습니다. 그런데 3년째가 되었을 때, 위원 중 한 사람이 소속 조직에서 성희롱(소속 조직의 홈페이지에 따르면 '부적절한 행위')이 문제가 되어 직위를 그만두는 사태가 발생했습니다.

개인 저작이나 연구서 등은 그렇다 치더라도 이 기획은 해당 학계 전체와 연관된다고 할 수 있는 큰 출판 사업. 그런데도 편집위원의 성희롱 사태에 눈 감고 이 남성을 포함시킨 채 기획을 진행해도 좋을까? 게다가 학문의 내용적으로도 이와 같은 문제에 민감해야 할 터. 저의 고민은 매우 깊어졌습니다.

그러나 관계자들은 그 남성을 보호하며 그가 피해자라고만 말하거나, 방관자가 되기를 선택했습니다. 도의적으로나 사회적으로 허용되는가라고 문제 제기하는 제가 이단(異端)으로 여겨졌습니다. 그리고 결국, 어쩔 수 없이 제가 그 일에서 중도 하차하게 되었습니다.

그때까지 그 일에 쏟아 왔던 에너지와 열정이 헛되게 되어 버린 분함…. 돈 때문에 그 일을 하고 있던 것은 아니었지만, 학술 출판 사업의 관례로 햇수로 3년 동안 일해도 교통비 이외에는 아무것도 지급받고 있지 않았습니다.

이 체험은 저에게 여러 가지를 생각하게 하는 계기가 되었습니다. 성희롱 문제에 대해서만큼은 상세하게 알고 있던 저였지만, 얼마나 이 문제의 뿌리가 깊고 주위에 대한 피해도 심대한지 재차 느끼게 되었습니다. 게다가 그래서 제가 깨달은 것은 당사자도 관계자도 성희롱에 대한 이해가 부족했었다는 것입니다. 나에겐 어떤 문제도 없었다, 나는 '누명'을 쓴 피해자라고 믿고 있는 것 같은 당사자. 당사자 이상으로 사태를 낙관하는 관계자, 멀찍이 떨어져 제삼자의 태도를 취하는 것이 '중립'이고 바른 태도라고 생각하는 듯한 분들. 실제로 그들은 악의나 이해심과 상관없이 성희롱에 무지하기 때문에 그런 태도를 취하고 있는 것으로 보였습니다.

일본에서 유수한 지성을 자랑하는 분들도 그렇다면, 일반 대중에게는 더욱 그러한 오해나 생각이 많을 것입니다. 그런 상황을 바꾸는 것에 조금이라도 공헌할 수 있다면, 그러한 오해로 피해를 입은 여성들에게 조금이라도 도움이 된다면….

그런 생각에서 시작된 것이 이 책이지만, 슈에이샤(集英社)의 베테랑 편집자 오치 카츠도(落合勝人) 씨와 논의하면서 남성이 성희롱을 알아채지 못하는 이유나 배경, 사정을 보다 잘 이해하도록 하기 위해 연애 문제가 얽힌 성희롱만으로 한정하지 않고 사소한 단어나 행동이 성희롱이 되는 케이스를 다루는 등 범위가 넓어졌습니다. 그 덕분에 '들어가는 말'에서도 썼듯이, 일반적인 성희롱 서적이나 매뉴얼에는 없는 '성희롱의 알기 어려운 부분'을 보다 많은 분에게 전할 수 있는 책으로 완성했다고 자부합니다.

그러나 이 책을 읽고 계신 분들 중에는 제가 오히려 가해자 쪽의 견해를 취하고 있다고 생각하시는 분들도 있을 테지요. 가해자 남성에게 너무 너그럽다, 질이 나쁜 가해자가 다수인데 그러한 악질을 간과하고 감싸고 있다고.

확실히 세상에는 '성희롱을 해도 깨닫지 못하기'는커녕 자신의 강한 입장을 의도적으로 이용해 성희롱을 하고 있는 '확신범'이 적지 않습니다. 독재적인 사장이 여성 사원에게, 남성 고객이 여성 점원에게, 남성 환자가 간호사에게, 남성 교수가 여학생에게. 상대가 싫다고 말할 수 없다는 것을 안 뒤 신체를 만지거나 무리하게 키스하거나 관계를 강요하거나.

도쿄도청에서 오랫동안 성희롱 문제를 다뤄 오신 가네코 마사오미(金子雅臣) 씨는 풍부한 현장 경험을 통해 스스로의 가해성을 자각하지 못하고 악질적인 성희롱을 반복하는 남성들의 모습을 리얼하게 그리고 있습니다(《망가지는 남자들 – 성희롱은 왜 반복되는가》, 이와나미신서, 2006년). 그러한 악질적인 성희롱의 방지법, 가해자에 대한 대처법도 물론 중요하지만, 이 책에서는 굳이 그러한 케이스는 거의 다루고 있지 않습니다. 그것은 그러한 악질적인 가해자는 적다고 생각하기 때문이 아니라 단정적으로 남성을 나쁜 사람 취급해서는 누구도 여성의 말을 들어주려 하지 않을 것이라고 생각했기 때문이기도 합니다.

　　실제로 '확신범'인 가해 남성과 알아채지 못하고 성희롱을 저지르는 남성이 확실히 구분되지는 않습니다. 누구라도 '알아채지 못하는 둔감함'을 안고 있을 것입니다. 알아채지 못하고 성희롱을 하는 가해자의 입장이나 견해, 감정을 이해하지 않으면 아무리 시간이 많이 흘러도 진정한 문제 해결에 이르지 못합니다. 피해를 당한 여성 쪽 입장만 논한다면 성희롱의 '모르는 부분'은 언제까지나 그대로일 것입니다. 이를 바꾸기 위해 이 책이 조금이라도 도움이 된다면, 이보다 더한 기쁨은 없겠습니다.

이 책을 집필하는 데 많은 분의 도움을 받았습니다.

먼저 앞에서 언급했던 '2차 피해'를 당하고 어떻게 해야 할지 고민하고 있을 때, 친구이자 지인인 많은 여성 연구자 분들로부터 든든한 응원을 받았습니다. 그러한 지원이 없었다면 내가 여기에 얽매이는 것이 이상한 게 아닌가 하는, 성희롱 피해자에게 자주 있는 자책에 빠졌을지도 모릅니다. 이 책은 그 동료들에 대한 감사의 표시이기도 합니다.

요후 토모미(養父知美) 변호사(오사카 토모(とも)법률사무소)는 풍부한 경험에서 이 책을 쓰는 시사점을 주었습니다.

'캠퍼스 성희롱 전국 네트워크(キャンパス・セクシュアル・ハラスメント・全国ネットワーク)'의 멤버들 외에 지금까지 함께 성희롱 문제에 힘써 온 동료들에게도 많은 신세를 졌습니다.

또 인정 NPO법인인 Women's Action Network(WAN)의 동료들에게도 도움을 받았습니다. 특히 WAN 이사장님인 우에노 치즈코 씨에게는 출판에 있어서 각별한 조력을 받았습니다. 여기에 같은 WAN 멤버로 항상 연구 동료로서 자극을 주셨을 뿐만 아니라 가해자의 심리에 대해 독자적인 관점에서 힌트를 주신 도시샤(同志社)대학교 글로벌 스터디즈 연구과의 오카노 야요(岡野八代) 씨에게 특별한 감사의 말씀을 드리고 싶습니다.

2013년 5월
무타 카즈에